RECUEIL DE PAYSAGES SUISSES

2615

RECUEIL

DE

PAYSAGES SUISSES

DESSINÉS D'APRÈS NATURE,

DANS UNE COURSE

PAR LA VALLÉE D'OBER-HASLY

ET LES CANTONS

DE SCHWEITZ ET D'URY,

PAR

LORY, LAFOND ET ZEHENDER.

en 1797.

ACCOMPAGNÉ D'UN TEXTE

POUR SERVIR D'ITINÉRAIRE AUX ARTISTES ET AUX AMATEURS

DE VOYAGES PITTORESQUES.

Pour bien observer, il faut éviter également les faux jours
de la surprise et ceux de l'habitude.
Souvenir de mes voyages en Angleterre.

À BERNE
CHEZ LES ARTISTES ASSOCIÉS.
AVEC PRIVILÉGE.

À MONSIEUR WYTTENBACH,
Membre du Conseil Souverain de la République de Berne, et Secrétaire d'Etat substitué.

Je fis, l'an passé, avec Messieurs Lory et Lafond, deux paysagistes très habiles, une course dans quelques cantons de la Suisse. Le résultat de nos observations sur les moeurs et les usages des lieux où nous séjournames, aussi bien que sur les différentes beautés de la nature, est consigné dans ces pages... Nos voeux seront remplis, si nous réussissons à faire partager nos jouissances aux amis de la belle nature, qui caractérise les contrées dont nous allons les entretenir.

Le peintre du genre y trouvera un guide sûr pour des compositions, qui sans ces connoissances préliminaires seroient fautives; et l'artiste brulant de la flamme du vrai génie y puisera à la source du grand et du beau. Notre intention a été de dessiner des points de vue neufs, dans lesquels l'intérêt historique se réunit aux charmes d'un heureux choix; car les petits cantons sont, si je puis m'exprimer ainsi, une terre classique, où mille beautés locales se montrent liées à une foule de souvenirs importans, et c'est ce qui nous a décidés à former deux collections de vues intéressantes. Les paysages les plus pittoresques et les lieux remarquables pour avoir été le théatre de grands événemens seront le fond de nos tableaux: comme tout ce qui nous a paru propre à faire mieux connaitre un pays encore peu connu, quoique souvent visité, formera le texte qui les accompagne.

Les deux collections que nous devons à ce voyage ne sont cependant pas topographiques; cette partie a déjà été très bien traitée par d'autres... et d'ailleurs notre étude ne se porte que sur le beau, le gracieux, l'intéressant et en général tout ce qui caractérise un pays, comme le costume de ses habitans, l'architecture de ses maisons etc.

Les grandes vues dont il a déjà paru deux, celle d'Altorf, chef-lieu du canton d'Uri, et l'isle de Schwanau sur le lac de Lowerz montreront aux amateurs ce qu'ils peuvent se promettre de nos efforts réunis; et les petites accompagneront le texte. Le grand débit qui s'est fait des premières semble nous prouver que nous avons saisi le goût du public; et les soins que nous donnons à l'exécution des dernières, nous font espérer de rendre cet ouvrage aussi intéressant qu'il dépendra de nous.

Peut-être aussi rendrons nous à plusieurs voyageurs un service réel en leur indiquant les sites vraiment dignes d'être vus, mais peu visités encore de notre patrie, et en remettant à sa place ce que bien des gens qui ne possédaient ni le sentiment du beau ni la connoissance de l'art ont traité d'enchanteur et de ravissant. Je dois aussi les prévenir que pour voir la Suisse avec fruit et avec plaisir, la fin de l'été et le commencement de l'automne sont les époques les plus favorables, et que pour obtenir un jour agréable pour les tableaux à faire, il ne faut négliger ni les matinées ni les soirées.

Les scènes imposantes de la nature n'ont été décrites que là où elles ont vivement excité nos sensations. D'ailleurs cet ouvrage étant destiné de préférence à nos confrères dans l'art, qui se proposent de visiter un pays si intéressant pour eux, il fallait nécessairement parler le langage du coeur pour mettre en jeu leur imagination, et pour communiquer en tout ou en partie à leur ame, comme par une effusion subite, les impressions et les émotions qui ont affecté la nôtre durant le cours de ce voyage.

Je ne changerai donc rien à ces descriptions; elles ne sont que l'image fidelle de mes apperçus, que j'ai tâché de rendre avec la vérité la plus scrupuleuse. Les réflexions que j'ai hazardé sur ce qui nous a le plus frappé, quoique fondées sur un examen mûr, ne doivent point passer pour des jugemens, car nous avons pu nous tromper quelques fois, malgré la précaution que nous avons prise de séjourner par-tout assez longtems, pour acquérir des notions sûres tant du pays, que des moeurs, usages et costumes de ses habitans; et pour rendre cet ouvrage plus utile, nous avons joint au texte des planches explicatives, où ceux qui désirent savoir le nom des montagnes principales, des lieux, des lacs et des bâtimens remarquables qui paroissent dans nos vues, les trouveront indiqués. Toute observation judicieuse sur notre travail m'obligera beaucoup; et mes soins les plus empressés seront tant de la mettre à profit, que d'en témoigner ma vive reconnoissance.

Si des fautes contre la langue, si des germanismes se glissent dans mon style, l'on voudra bien user d'indulgence envers son auteur : les connoissances littéraires ne sont rien moins que son fort; et toujours occupé de son talent, il n'a guères eu le tems d'étudier le françois par principes.

Quoiqu'on ait trouvé quelque intérêt dans mon ouvrage, que des connaisseurs ayent daigné le favoriser de leur suffrage, je sens trop ce que le public éclairé est en droit d'attendre, pour hazarder de mettre au jour cette faible production sans éprouver de vives inquiétudes sur son sort... Cependant, si mon ami le juge digne de quelque attention, je me rassure, et je ne regretterai point le tems que j'ai donné à ce travail.

ZEHENDER de Guerzensée, peintre-dessinateur,
au nom de la Société.

> Et comme un rayon pur colore un beau nuage,
> Des couleurs du sujet je teindrai mon langage.
>
> *DE LILLE*, Les Jardins, Chant I.

Les environs de la ville de Thoune sont ravissans: autour de son lac s'élèvent jusques aux cieux des Alpes majestueuses; leur aspect imposant agit avec force sur toutes les facultés intellectuelles, mais les excellentes descriptions qu'on en a déjà données rendraient de plus amples détails fastidieux.

Le trajet du lac de Thoune est intéressant au possible; cependant, malgré les scènes diverses que ses côtes riantes présentaient à l'oeil, le plaisir de notre navigation fut bien diminué par un tems sombre et par les nuages dont la cime des monts etoit couverte, mais nous admirames une végétation sans pareille et sur-tout des noyers d'une grandeur peu commune et d'une forme aussi belle qu'il est au pouvoir de l'homme de goût et du dessinateur habile d'imaginer; les mêmes brouillards nous empêcherent de jouir du site heureux d'Interlaken; cependant, le peu que nous en vimes nous présenta la nature dans un style si élevé, que saisis d'étonnement et d'admiration nous éprouvames les sensations les plus ravissantes, en contemplant des beautés également propres à développer le goût du jeune artiste, et à immortaliser le talent du maître.

Un peintre veut-il traiter un sujet qui réunisse au grand style des Italiens tous les charmes de notre paysage Suisse, qu'il monte la colline que couronnent les ruines de l'église de Goltzweil. Là, son oeil plonge sur le bassin de son petit lac, et se promene sur le paysage délicieux de Rinkenberg et les rivages enchanteurs du lac de Brientz: tout ce que l'imagination la plus féconde peut se représenter de gracieux et de beau se rencontre dans ce point de vue, des arbres magnifiques sur les devants, le plan du milieu le mieux choisi et des lointains dont les formes varient à l'infini; à cet aspect, s'il ne sent pas palpiter son coeur, s'il n'est pas inspiré par le génie de la nature, qu'il jette ses pinceaux et ses couleurs, et qu'il renonce pour jamais à l'espérance de fournir avec succès la carrière des arts.

Le beau village de Brientz où l'on débarque ordinairement, n'a rien de bien intéressant que sa grande population qui y répand la vie et l'activité: les pâturages où paissent les troupeaux de ce village sont situés sur la rive opposée; chaque habitant a son petit bateau, et traverse journellement le lac pour aller soigner et traire ses vaches. Ce lac est ainsi, soir et matin, couvert d'une petite flotte; et s'il s'élève un orage à son retour, les bergers, pour décharger les nacelles, jettent à l'eau leurs barriques pleines de lait, après les avoir bien bouchées, et les laissent flotter sur les ondes agitées jusqu'à la fin de la tempête, qu'ils vont les repêcher.

En traversant le lac de Brientz, on se rend au Giessbach, une des plus belles chûtes d'eau de la Suisse, le parfait pendant de celle du célèbre Reichenbach, dont la source est la même, puisque c'est le glacier de la selle bleue qui fournit l'eau des deux torrents.

Le Giessbach offre au spectateur sept chûtes différentes dont aucune ne ressemble à l'autre, et qui ont chacune leurs beautés particulières. Du milieu d'arbres diversement grouppés, à travers des rochers de la plus belle forme, s'élance avec impétuosité une magnifique masse d'eau; elle se précipite de bassins en bassins, se brise contre les rocs et se résout en écume légère, qui se répand au loin et parsème les alentours d'une poussière fugitive, semblable à un nuage d'argent volatil.

Enchantés des jouissances que nous donna le Giessbach, nous voudrions les procurer aussi à d'autres voyageurs, et reproduire dans leur ame les différentes sensations que nous éprouvames à son aspect.

Gaspard Fischer, organiste de Brientz, qui a toujours un bateau au service des curieux, les y conduira à peu de fraix et leur indiquera tout ce qui mérite l'attention; il entreprendra volontiers, en qualité de guide, des courses dans les Alpes voisines; ses connoissances locales, sa complaisance soutenue et sa bonne humeur inaltérable le rendent aussi utile qu'agréable à ceux qui voudront l'employer.

Le Giessbach ne s'apperçoit dans toute sa beauté qu'au commencement de l'été; il obtient alors de la fonte des neiges un accroissement considérable, d'où proviennent deux accompagnemens, dont l'un est appellé par les habitans du pays le valet, et l'autre la demoiselle; il y a trois lieues de Brientz jusqu'à Bothen, première chûte de ce torrent: la masse d'eau en est formidable, mais le rocher dont elle tombe est moins beau, parcequ'il n'est entouré que de sapins tronqués, déracinés et mis en pièces, et qu'il ne présente à l'oeil que la triste idée de la destruction; le chemin dès l'entrée est rude, il aboutit enfin par des hauteurs difficiles à des Alpes plus fertiles, où le berger bienfaisant invite le voyageur fatigué à se reposer dans son châlet, et lui présente des rafraîchissemens avec l'hospitalité la plus cordiale. Le calme de cette solitude n'est interrompu que par le bruit du torrent, qui parcourt en mugissant ce vallon isolé; il roule avec fracas ses ondes écumantes, il répand sur le paysage quelque chose de solennel et sur le voyageur une douce mélancolie.

Le Platane acquiert là une grandeur imposante, et l'oeil admire ce roi de la forêt, dont les formes superbes n'ont point été altérées par le ciseau du jardinier; les pâturages y sont si fertiles, qu'après la recolte des foins le bétail y trouve encore une nourriture abondante pendant quelques mois. Le sentier mène à des rochers escarpés dont l'élévation est à perte de vue, et qui semblent inabordables; cependant on y parvient en gravissant, tantôt à travers des blocs écroulés, tantôt sur des sapins écrasés par leur chûte: ici, l'on est obligé de se frayer une voie à travers une broussaille presque impénétrable; et là, le long d'un vaste amas de pierres recouvertes d'une mousse épaisse, qui cache souvent des cavités dangereuses dans lesquelles, sans la précaution de les sonder avec son bâton, on risqueroit de se perdre; et ce n'est qu'après mille obstacles toujours renaissans, que le voyageur redoublant d'efforts, et palpitant d'angoisse, gagne à la sueur de son front et avec des peines infinies, des hauteurs où l'air pur de la montagne lui rend la force première; là il respire plus librement et porte avec satisfaction ses regards sur une étendue immense, mais il faut redescendre... et le retour est encore moins aisé et plus dangereux; le corps éprouve à chaque pas une secousse pénible: le péril semble augmenter sans cesse; le soin de sa conservation écarte toute autre pensée, et le voyageur harassé n'arrive dans les habitations inférieures, que pour prendre un repas frugal, et se jeter dans les bras d'un sommeil aussi doux que nécessaire.

On se rend de Brientz à l'endroit, nommé Unter der Heid et peu éloigné de Meiringue, par le chemin le plus agréable et le plus uni; des sites riants, pittoresques et variés le rendent très-intéressant, ainsi que diverses cascades parmi lesquelles l'Oltschebach se fait remarquer par sa position autant que par ses beautés diverses et l'élévation de sa chûte: luisant comme une teinture de soie blanche, il glisse sur le flanc d'un vaste rocher, et forme à sa base la plus belle gerbe d'eau, qui se dissipant en brouillard léger échappe à l'oeil qui la fixe et qui l'admire.

À une lieue de-là paraît le solitaire Wandelbach, moins riche en eau, mais plus agréable par ses accidens variés.

> Le torrent jette au loin sa mobile poussière,
> Gronde . . . et brise ses eaux dans des gouffres profonds;
> Puis par degrés s'appaise et forme la rivière,
> Dont le cristal mobile embellit ces vallons.

Dans les environs, tout est propre à favoriser l'étude de l'art: le hêtre y succède au triste sapin; le climat s'adoucit; les formes deviennent plus agréables; par-tout des visages gais qui portent l'empreinte du bonheur: sur-tout cette politesse naïve, cette cordiale bonhomie qui rend la société des montagnards si intéressante, qui inspire la confiance et montre des amis dans tous ceux que l'on rencontre. — Aussi fûmes-nous également enchantés et du pays et de ses habitans; là je ne pus m'empêcher de penser:

> Brillant sans faux éclat, naïf sans imposture,
> Toi qui si bien peignais et chantais la nature,
> Que n'es-tu près de moi, pour tracer ces tableaux!
> Ils sont, divin Gessner! dignes de tes pinceaux.
> Que dis-je . . . tu n'es plus, chantre aimable et facile;
> Rival de Théocrite et même de Virgile:
> Mais tes écrits touchans arrachent en tous lieux
> Des soupirs à nos coeurs et des pleurs à nos yeux.

En cotoyant un ruisseau limpide qui répétait tous les objets comme un miroir fidèle, et en remontant de cascade en cascade, nous arrivames encore assez à tems dans la pittoresque vallée de Hasly, pour y faire une petite excursion dans la soirée: nous trouvames auprès d'une vieille tour appelée par les habitants du pays, le bourg Resti, un point de vue enchanteur, et nous jouîmes d'un aspect si ravissant, qu'il eut tiré de sa léthargie le plus apathique des hommes; le jour baissait déjà, mais nous résolumes de prolonger notre plaisir jusqu'à la nuit, et d'observer depuis cette place les effets progressifs d'une belle soirée sur ce paysage magnifique.

> L'astre du jour achevait sa carrière ,
> Il rougissait la cime de ces monts ;
> Etincellant d'une vive lumière ,
> De ses reflets il dorait les vallons :
> Il parsemait de rubis vagabonds
> Les eaux, les bois et la nature entière ;
> Et se jouait jusques dans les buissons ,
> Qu'il nuançait d'une teinte légère.

Le soleil a disparu.—La dent du Viescher reçoit ses derniers rayons... les différens plans ne se distinguent plus que par la saillie de leurs formes et de leurs contours inégaux.

> Bientôt vous eussiez vu s'obscurcir la nature ,
> Du crépuscule en pleurs s'effacer la parure ,
> Les monts s'envelopper des voiles de la nuit ,
> Au jour succéder l'ombre , et le silence au bruit.

Enfin l'oeil ne démêle plus ni forme ni objet: le mystère tend son manteau ténébreux sur toute la contrée: le calme de ces lieux n'est interrompu que par le mugissement des troupeaux et la chûte bruyante des torrens voisins ; tout-à-coup une nouvelle décoration vient frapper nos regards surpris par le lever de la lune.

> Sur des vagues d'argent c'est Phoebé qui s'avance. —
> Ici son doux reflet sur l'arbre se balance ,
> Se glisse et s'insinue à travers ses rameaux :
> Là son disque brillant fait scintiller les eaux ;
> Et plus loin son flambeau d'une clarté douteuse
> Éclaircit des vallons la face ténébreuse ,
> Tandis que l'ombre invite en couvrant les côteaux
> L'ame à la rêverie et le corps au repos.

La nature étale dans cette contrée tous ses attraits , elle s'y montre dans le faste le plus imposant: du buisson flexible jusqu'au glacier majestueux tout est grand , tout est noble, tout est de la plus belle forme , enfin c'est là que le paysagiste doit épurer son goût et s'élever au style héroique. À l'aspect de ces scènes sublimes tout ce que nous avions vu précédemment s'effaça de notre mémoire, et notre imagination n'y pouvant rien ajouter gémit de sa faiblesse. Des monts entassés sur des monts menacent les cieux de leurs sommets élancés : par-tout, le sauvage est lié admirablement au champêtre ; d'épouvantables masses de rochers sont couronnées de grouppes d'arbres charmants, ou parées de broussailles légères, et sur les terreins fertiles s'étend un tapis velouté du plus beau gazon. Des plantes aromatiques embaument l'air de leurs parfums exquis, et la couleur de chaque objet est d'une vivacité qu'on ne remarque nulle autre part que dans les Alpes : tout le pays porte l'empreinte de l'extraordinaire ; des choses mille fois vues prennent ici un nouvel intérêt et plaisent par des charmes non encore apperçus ; à chaque instant l'œil est surpris par des singularités qui tiennent au local ; à chaque pas l'attente est trompée : ici, l'on se croit aux colonnes d'Hercule ; et là, la vue ne connait plus de bornes, plane sur des lointains immenses et domine la plus vaste plaine.

Cette délicieuse vallée joint à toutes les beautés de la nature et à un sol naturellement fertile, le précieux avantage d'une culture bien entendue, l'abondance des vivres et les pâturages les plus gras : tout y vient presque sans effort, et la salubrité de l'air est inconcevable : si le bétail est plus grand dans d'autres contrées, il plaira davantage dans celle-ci par sa légèreté et par sa couleur. La nature y a doué les hommes de plus belles formes que par-tout ailleurs, et les femmes des charmes les plus séduisans. Nulle autre part on ne verra à tous égards un accord plus marqué du gracieux et du beau, du sublime et de l'agréable... Oui, je le dis, et je ne suis pas le seul qui le trouve, la vallée du Hasly est le plus beau pays du monde ; c'est là où les Anglois ont vraisemblablement pris l'idée heureuse de leurs jardins : cette contrée est également propre à inspirer le poëte et le peintre ; l'un et l'autre y trouveront un riche fond pour exercer le génie, l'imagination et la sensibilité, et s'ils savent en tirer parti, leurs tableaux comme leurs poëmes pleins de feu, d'images et de vérité passeront à la postérité et graveront leurs noms au temple de mémoire.

    Qu'on ne me vante plus les champs de l'Ionie,
    Les prés fleuris d'Enna, les vallons de Tempé ;
    De ces lieux embellis par les mains du génie,
    Le charme fabuleux pour moi s'est dissipé :
    Mais ici tout est grand... tout est riche et sublime.
    Et ces monts sourcilleux dont j'apperçois la cime
    Au-dessus du séjour de la foudre et des vents ;
      Et ces côteaux plus beaux encore,
      Quand du bosquet qui les décore,
    Zéphir fait ondoyer les feuillages mouvans ;
    Et ces prés enrichis de tous les dons de Flore,
    Tout respire en ces lieux le bonheur et la paix.
    O qui me conduira dans de plus doux azyles ?
    Où pourrai-je trouver des vallons plus tranquilles,
    Et des gazons plus verts et des antres plus frais ?
    Sur les côteaux d'Hasly, sur ces rives où l'Aare
    Voisine de sa source en cent détours s'égare,
    Satisfait de moi-même, ignorant l'univers,
    Je goûte le bonheur que je chante en mes vers.
      Ah ! les beautés de la nature
      Valent bien les plaisirs de la société,
    Pour un cœur innocent que la retraite épure,
    Quand par les passions il n'est plus agité.
    Un troupeau, du lait pur, une cabane obscure
    Suffiraient en ces lieux à ma félicité ;
      J'y trouverais l'égalité,
    L'oubli total d'un monde inconstant et perfide,
    Le doux calme d'une ame où la vertu réside,

Les charmes de l'étude et de la liberté,
Et ce repos si cher au sage,
Qui long-tems battu par l'orage
N'aspire plus à rien qu'à la tranquillité.   *Br....*

La cause du verd éclatant dont se revêt la végétation de ce pays-ci, est à mon avis l'abondance des eaux qui s'y forment et qui y circulent; ces eaux s'évaporent sans cesse, s'exhalent dans l'athmosphère; et changées en vapeurs légères, elles influent sensiblement sur le sol et sur toutes ses productions.

L'Aar parcourt d'un bout à l'autre toute la vallée: le Reichenbach couvre ses environs d'une rosée étincellante: le Falcherenbach serpente à travers des Alpes fertiles, se détache du flanc d'un vaste banc de rochers et disparaît dans un joli bois de hêtres: derrière Meiringue, le Dorfbach roule doucement depuis le Kirchberg ses ondes brillantes, tandis que son voisin le dangereux Alpbach force tous les obstacles, mine et culbute d'énormes rocs et tombe d'un vaste réservoir dans un lit encombré de sables et de cailloux. Tantôt claires, tantôt bourbeuses, ses eaux portent souvent la destruction dans ce pays charmant, malgré la digue que ses habitans ont opposée à leurs fureurs : tout auprès jaillissent par bonds les flots argentins du Muhlibach, à travers les noyers et les hêtres dont la pente de la montagne est couverte; ils mettent en mouvement plusieurs moulins et vont enfin se mêler sans bruit aux flots rapides de l'Aar. Mille petits ruisseaux coupent en tout sens la plaine et l'embellissent de leur cristal: par-tout aussi les sources abondantes, et la fonte des neiges dans les Alpes supérieures remplace aisément ce que le soleil pompe, ou ce que le vent disperse dans les airs.

Les environs de Meiringue sont couverts de noyers et de hêtres; ces deux espèces d'arbres y acquièrent une hauteur magnifique et des formes admirables; les arbres fruitiers y parviennent aussi très-bien et résistent au mieux à la gelée: ce qui prouve assez la douceur du climat de cette contrée fortunée, que le rempart d'Alpes dont elle est par-tout environnée abrite si heureusement contre les pernicieux vents du nord.

Nous visitames aussi le superbe Reichenbach, et nous lui accordames de bon coeur la préférence sur tout ce que nous avions vu jusqu'à présent dans ce genre; l'homme de goût y trouvera des morceaux du style le plus relevé... des roches d'une masse imposante et d'une coupe heureuse... des eaux qui s'en échappent avec violence et qui présentent dans leur chûte des cascades superbes. — Brisée contre le rocher, l'onde se réduit en poussière et devient une légère vapeur, que le vent emporte sur ses ailes et va déposer dans tous les alentours sous la forme de perles brillantes... Des bassins profonds dont ces eaux débordent, elles tombent avec fracas dans un lit de cailloutage et roulent en mugissant dans l'Aar leurs flots courroucés.

Le chemin qui conduit de Meiringue par le Kircher au Hasly im Grund est une excellente suite d'études pour l'artiste penseur, tandis que le voyageur sensible y rencontre les jardins enchantés d'Armide; rarement trouvera-t-on dans un espace aussi borné autant de sites pittoresques et si heureusement variés. — On ne sait ce qu'on y doit le plus admirer, de ces passages subits du cultivé au sauvage, ou de ces rapprochemens frappans entre le triste et le gai — le sombre et l'agréable — le mélancolique et le riant.

Du pont couvert de l'Aar, on monte par une route difficile à des masses de rochers épouvantables dont une partie déjà écroulée encombre le chemin, et l'autre menace d'écraser le passant dans sa chûte prochaine : cependant les jolis buissons dont ils sont couverts en rendent l'aspect moins terrible, et font même disparoître jusqu'à l'idée du danger. De ce point élevé, on voit le cours de l'Aar à travers la plaine fertile; et si l'on ne découvrait les traces de ses débordemens, on ne croirait pas qu'une rivière, qui parait si paisible, répande si fréquemment la désolation dans cette vallée. Une chaine d'Alpes aussi fertiles que variées dans leurs formes termine enfin la scène, et ramène le regard sur le site heureux de Meiringue. En montant le Kircher, la vue est bornée, le paysage est noir, sombre et mélancolique, mais sitôt que le voyageur a fait quelques pas, son oeil parcourt un vallon riant, au milieu duquel il apperçoit avec surprise la chûte supérieure du Reichenbach qu'il croyait depuis long-tems avoir dépassé; on arrive de-là à un bois de chênes dont le verd foncé contraste admirablement avec les feuilles jaunâtres de noyers, que le hazard le plus heureux y a transportés : tout auprès on rencontre une ligne de misérables baraques, vraie image des huttes du Hottentot, mais dont l'emplacement quoique isolé est infiniment pittoresque et plein d'intérêt pour l'artiste. À l'ombre de superbes tilleuls on gagne doucement la descente; et d'une terrasse garnie de quelques beaux chênes, la vue plonge sur le paisible mais solitaire Hasly im Grund, que l'Aar partage en deux portions inégales : à sa droite s'élève le Blattenberg majestueux, et à sa gauche le Bourg si bossu; dans le fond paraissent les Guelberbergs, le Stockwald et différentes autres montagnes; et si du chemin qui conduit à l'hospice du Grimsel, on n'appercevait une partie du val de Girtannen, ce coin de pays paroitrait absolument séparé du reste du monde... Cet aspect est du genre le plus sombre et le plus imposant; dans l'émotion qu'il inspire on voudrait en jouir avec les amis absens; on les transporte en idée dans cette solitude, et l'on pense avec joie au moment où on les rejoindra. — Vainement la nature offre à l'habitant des villes des plaisirs sans nombre dans sa contemplation; il n'éprouve qu'une impression passagère; les plus beaux paysages ne valent pas pour lui les charmes d'une société, dont l'habitude devient pour lui un besoin pressant, et qui bientôt le rappelle puissamment auprès de ses liaisons accoutumées : mais je me hâte de revenir à la chûte supérieure du Reichenbach; tout disparaît devant ce phénomène. — Aucun langage humain ne saurait exprimer, ni les sensations qu'il fait naître, ni l'étonnement mêlé de terreur qu'il inspire. À l'aspect de ce chef-d'oeuvre de la nature, on oppose au sentiment de sa propre petitesse, le plaisir de voir dans toute sa grandeur et d'admirer à son aise cette scène gigantesque : — ici tout est puissance... tout est prodige... tout est marqué au coin de la perfection... tout porte l'empreinte du sublime avec une telle élévation de style qu'on dirait que c'est un monument éternel de l'architecture suprême de tous les mondes.

Du haut d'un vaste rocher couronné de hêtres flexibles, le Reichenbach se précipite sur un amas de rocs détachés, parmi lesquels les eaux bruissent et bouillonnent:

du milieu de cette agitation monte vers le ciel un nuage de poussière grisâtre, qui semble d'abord cacher la cascade et n'en laisser percer que peu à peu les inimitables beautés; telle une nymphe timide dérobe d'abord à son amant une partie de ses charmes, et lui dispute long-tems le voile qu'il veut lever... mais avant tout... regardons.. admirons! Le fougueux torrent franchit la digue, que lui oppose une roche énorme ; de la cime à sa base il étend la nappe cristalline de ses flots transparens : retentissante comme un tonnerre, cette masse d'eau précipitée fait mugir l'abyme qui la reçoit, trembler la terre qui l'entoure et palpiter d'effroi comme d'étonnement le coeur du spectateur. — Le rocher est d'une forme si noble ; la chûte est si haute; le gouffre est si profond ; le fracas roule et redouble si majestueusement; l'eau se montre sous tant de modes variés, ici se détachant en bloc, là brisée sur les saillies de la parois qu'elle inonde, plus bas réduite en écume éblouissante ou en poussière fugitive qui se balance dans les airs ; tantôt étincellante des reflets du soleil, tantôt brisant ses rayons sur le prisme d'une vapeur vagabonde qui se teint des couleurs du plus superbe arc-en-ciel. — O qui pourrait peindre cette scène unique! qui pourrait reproduire ce chef-d'oeuvre de la nature ! Vainement l'artiste tenteroit d'y parvenir sur l'aile du génie : ce seroit le vol d'Icare; il tomberait toujours au dessous du modèle et serait forcé de reconnaître qu'il est dans les arts comme dans les sciences, des limites que l'humanité ne saurait franchir. Des deux côtés, on peut se rendre au Reichenbach; le chemin en est, il est vrai, très-rude; mais nulle part il est dangereux, et le plaisir de contempler à son aise cette merveille de la nature l'emporte sur les difficultés ; en la voyant, le voyageur fatigué oublie toutes ses peines, n'eut-il vu que cela seul dans les XIII. Cantons, il n'aurait pas de regret de son voyage, et pourrait dire à son retour chez les siens, et moi aussi j'ai été en Suisse.

Rien de si naturel que de passer de la description du pays de Hasly, à celle de ses habitans, petit peuple à part, dont les usages diffèrent beaucoup de ceux des autres paysans Bernois.

Les habitans de cette vallée paroissent en général assez beaux; les hommes et les femmes sont d'une haute structure. Le sexe ne s'occupant guère de travaux rustiques, et par conséquent ne s'exposant que fort peu au soleil, a le teint extrêmement frais et animé; sa taille est avantageuse, et sa figure intéressante : des traits expressifs et un regard tantôt doux, tantôt malin, le rendent tout-à-fait séduisant. Comme le pays produit assez de vivres pour sa consommation, et qu'il fait un commerce considérable de fromage, de chevaux, de gros et menu bétail avec la partie voisine de l'Italie, il n'est pas surprenant d'y trouver quelque luxe, et sur-tout une gaieté et un contentement assez général. — Delà chez plusieurs une insouciance et une légéreté de caractère, qui fait que satisfaits du présent, ils pensent peu à l'avenir et négligent divers moyens faciles d'augmenter considérablement leur fortune : la plûpart sont aisés, quelques uns sont riches, et fort peu indigens : la communauté accorde annuellement une somme considérable pour l'entretien des veuves et des orphelins, et des fabricans en soierie occupent les mains oisives qui sont dans la nécessité; les plus pauvres même ont leurs chèvres, leur petit terrain dont ils tirent une partie de leur subsistance. Il est vrai cependant qu'on auroit tort de chercher l'opulent Haslysien dans Meiringue, qui n'est peuplé en bonne partie que d'ouvriers et de journaliers. Les habitans aisés du pays font leur séjour dans les environs du village, ou bien dans leurs châlets sur les Alpes; mais par-tout où ils résident, leurs habitations autant que leurs possessions parfaitement entretenues annoncent toujours l'aisance et le bien-être. Les soins du bétail et la fabrication du fromage, du beurre et des autres produits du laitage, sont l'occupation favorite des hommes; celle du sexe est, après les soins du ménage, de tisser des étoffes pour leur habillement: on y fabrique aussi tant de toiles, que l'indigent est couvert d'un linge dont autre part le riche se ferait honneur; et dans un pays où en marchant toutes les femmes, même les enfans tricotent, le signe caractéristique de la dernière misère seroit d'aller à pieds nuds.

Par un tems douteux, le plus pauvre Haslysien ne se hazarderait point à sortir sans parapluie: aussi rencontre-t-on souvent des caravanes entières, qui le dos chargé de leurs vases pleins de lait, marchent sous cet abri; cela a un air grotesque, mais on s'y accoutume bientôt, sur-tout dans les petits Cantons.

Leurs amusemens de préférence sont de tirer au but, et de lutter: dans le premier exercice, ils ont acquis une habileté, qu'aucun Suisse ne leur disputera; et dans le dernier, leur étonnante agilité les égalera toujours à ceux qui pourroient l'emporter en vigueur. Un esprit naturel, d'heureuses saillies et un enjouement soutenu rendent leur commerce très-agréable; on fera bien cependant de se tenir en garde contre leur penchant d'en imposer aux étrangers par des récits faux ou exagérés; mais il suffit de leur insinuer qu'on n'en est pas la dupe, pour qu'ils ne pensent plus à vous en faire accroire.

De leurs fermes à l'église de la paroisse, la distance est trop considérable pour qu'on en puisse être de retour de bonne heure le même jour: pères et mères le savent, ils confient en conséquence leurs filles aux garçons qui ont des mœurs et de la conduite, et ne s'en inquiètent plus jusqu'au lendemain: l'heure du rendez-vous est fixée; les deux sexes s'assemblent, et vont séparément assister au service divin, car ce n'est que les gens mariés qui ont le privilège de se rendre au temple, en troupes formées des deux sexes. Ce voyage de dévotion, qui au fond n'est autre chose qu'une partie de plaisir, dépend de tant de circonstances, qu'il suffit du moindre accident pour le rompre: si donc une jeunesse inconsidérée se livre en ce moment un peu trop au plaisir, si dans ces jouissances elle dépasse un peu les bornes d'une sévère réserve, qui s'en formalisera?

Le culte fini, les jeunes gens assemblés sous le portique voyent passer leurs belles qui, par des détours et des portes de derrière, se rendent à l'auberge; l'hôtesse leur donne la clef d'une chambre à part, où elles se préparent à recevoir leurs cavaliers. Tandis que quelques-unes craintes d'être apperçues mettent leurs tabliers contre les fenêtres en guise de rideau, les autres s'emparent des sièges, ou se placent sur le lit, et couvrent à chaque fois que la porte s'ouvre, pour n'être pas reconnues, leur minois fripon d'un ample mouchoir; car ce qui rend ici le plaisir piquant, c'est le mystère: les garçons font servir du vin, et les filles les régalent de quartiers de poires sèches, de noix et d'une espèce de petites gimbelettes, faites d'une fine pâte et cuites fortement au four. On engagera jamais les Haslysiennes d'entrer dans la chambre publique de l'auberge, leur honneur en souffrirait; mais elles passeront sans le moindre scrupule la journée entière et même la nuit avec des garçons dans quelques coins écartés de la maison. Quelque libre que paraisse cette conduite à qui n'est pas au fait des usages du pays, qu'on se garde bien d'un jugement précipité, et qu'on fasse sur-tout attention que la compagnie ne se quitte guère, et qu'une faute commise est toujours suivie de près d'un mépris marqué, de l'exclusion de la société, et d'un répentir éternel.

Au point du jour, on s'en retourne à la maison, et les belles alors chiffonnent leurs ajustemens, pour faire voir aux passans qu'elles n'ont point manqué d'amans; car la jeune montagnarde aime autant à faire parade de ses conquêtes, que la coquette rusée de nos villes: le plaisir goûté n'est point un secret, elle ne cache que ses amours, sur-tout si l'objet d'un tendre retour est un joli garçon, auquel il ne manque rien qu'un peu de fortune, car si c'est un homme bien dans ses affaires, alors adieu le mystère... S'il arrive qu'un jeune richard fasse la cour à plusieurs belles à la fois, la difficulté du choix en est plutôt la cause que le penchant à l'inconstance; et si la fille trompée surprend son amant à en courtiser une autre, le raccommodement est difficile; mais un pareil accident hâte ordinairement les décisions du jeune homme. Comme par-tout ailleurs les garçons cherchent à s'insinuer dans les bonnes graces des belles les plus courues, sur-tout s'ils espèrent réussir à faire un mariage. Mais quelquefois la jalousie les rend furieux; ils forcent les portes closes, et s'ils se voyent lésés dans leurs prétentions, c'est une tempête! Car ils mettront en pièces tout ce qui se trouve sous leur main: tables et bancs éprouveront la vigueur de leur bras et la force de leurs gourdins; la moindre négligence du cabaretier est punie dans ces moments orageux, par des bouteilles cassées et des verres brisés contre la muraille.

Malgré leurs passions violentes, ces gens cependant sont d'un commerce agréable; naturellement prévenans, ils se conduisent mieux qu'on n'auroit lieu de l'attendre; ils n'accordent pas seulement à l'étranger d'assister comme spectateur à leurs fêtes, ils veulent même qu'il prenne part à leurs plaisirs, et qu'il soit de la partie; le vin que celui-ci présente alors à leurs belles est reçu comme un vin d'honneur, et pour lui en marquer leur reconnoissance, ils lui permettront d'agir avec elles aussi familièrement, qu'ils en agissent eux-mêmes... Mais qu'on prenne garde de ne pas s'émanciper trop; ils feraient rentrer le convive, d'une si bonne façon, dans les bornes de la décence, que de long-tems à coup sûr il n'en perdrait la mémoire.

Les garçons, il est vrai, fournissent le vin, et cela à dix batz le pot; mais la dépense des filles est néanmoins plus forte, et les cadeaux qu'elles font pendant la foire de Meiringue à leurs intimes l'emportent toujours en valeur sur ceux qu'elles en reçoivent; aussi ces aimables créatures paraissent-elles infiniment plus empressées autour de leurs jeunes amis, que ne le sont les filles des autres districts du Canton de Berne: le manque de garçons en est peut-être cause; car à peine ont-ils atteint leur dix-septième année, qu'ils projetent par douzaine de quitter le pays et d'entrer dans un service avoué; alors ils promettent de ne plus se quitter, et là où l'un va s'engager le premier, les autres sont obligés de faire de même, s'ils n'en veulent être traités de gens sans foi: d'ailleurs, quelques années passées dans le service militaire leur donnent du relief auprès des belles qui au commencement redoutent, il est vrai, leur commerce; mais peu-à-peu elles s'y accoutument, elles y trouvent de l'agrément, et ne peuvent à la fin plus se passer de ces jeunes éveillés: on leur pardonne les libertés qu'ils prennent; et par leurs souplesses, par leurs historiettes, par mille petits jeux, et sur-tout par cette aisance qu'on n'acquiert qu'au dehors, et qui presque toujours est l'apanage du militaire, ils parviennent non-seulement à plaire, mais à obtenir une préférence marquée sur ceux qui n'ont point quitté le pays: sur-tout, s'ils entremêlent leurs discours de quelques mots d'un langage étranger, ces pauvres innocentes les écoutent, trouvent cela admirable et prennent infiniment d'intérêt à l'homme qui sait le français; ce qui est d'autant plus plaisant, qu'elles n'en comprennent pas un mot.

Mais il est étonnant avec quelle difficulté on engage les deux sexes à une danse commune; les garçons dansent presque toujours seuls, les filles restent spectatrices, ou forment dans une chambre voisine un rond à part: je ne sais si les garçons craignent d'être gênés dans leurs mouvements précipités, dans leurs sauts impétueux, ou si les petites façons que celles-ci font leur sont à charge; ce que je crois à cet égard de plus vraisemblable, c'est que les laitiers passant presque toute la belle saison sur leurs Alpes sont obligés de s'entr'aider, dans leurs occupations comme dans leurs amusements, et qu'ils apprennent ainsi peu-à-peu à se passer dans leurs parties de plaisir, d'un sexe fait pour les rendre infiniment plus piquantes. D'ailleurs, ces jeunes gens aiment avec passion les exercices du corps qui leur permettent de faire montre de force et de souplesse, sur-tout des danses figurées qu'ils exécutent avec assez d'habileté; ainsi le beau sexe est négligé, et les Haslysiens ennemis de toute gêne regardent comme un assujettissement, auquel ils ne se soumettent pas volontiers, les égards qu'ils sont obligés de lui témoigner. Cependant, le spectacle le plus intéressant est sûrement d'assister à une danse mêlée; c'est là qu'on peut voir la bonne contenance de filles lestes, alertes et agiles, qui ne manquent point de graces naturelles, et celle de garçons souples, vifs et fougueux dans leurs mouvements. Les Haslysiennes se présentent là dans toute leur amabilité, ornées des attraits qui leur sont propres, et des charmes les plus séduisants: d'abord, elles ne prennent qu'une faible part au plaisir, on est presque obligé de les y forcer; mais peu-à-peu elles y prennent goût, puis elles s'y livrent avec passion, et leurs jouissances n'ont alors plus de bornes. L'étranger croirait à les voir dans ce moment, que la bande joyeuse a perdu toute retenue, et que la décence va être outragée; cependant l'apparence est trompeuse, et le jugement serait faux, car la conduite de cette jeunesse prouverait son innocence. D'ailleurs si, par un cas fortuit, une jeune novice se laissait endormir, si elle se livrait trop pour un instant au délire de ses sens émus, et cédait à l'influence momentanée d'un sang bouillant, ne devrait-on pas la plaindre et en avoir compassion, au-lieu de la condamner? Ne devrait-on pas réfléchir au sort qui l'attend, et penser aux angoisses, aux chagrins et aux remords dont son pauvre coeur sera dévoré si, infidèle à ses promesses, le séducteur l'abandonne? ce qui néanmoins n'arrive que fort rarement.

Les hommes mariés qui vont au cabaret le dimanche, ne s'y rendent que dans la matinée: s'ils s'y régalent seuls, les moitiés négligées s'en vengeront à la maison par l'usage des liqueurs fortes; mais si par hazard un époux y conduit sa femme, elle ne prendra jamais ce qui lui est servi que dans un coin obscur de la chambre; s'il n'y a point de rideaux derrière lesquels elle puisse se cacher, tant il est vrai qu'au pays de Hasly le mystère est la partie saillante du caractère féminin : et quoiqu'on trouve continuellement du monde au cabaret, on aurait tort de l'attribuer à l'inconduite; la plupart des marchés s'y font, presque toutes les affaires s'y traitent; et les parties viennent de trop loin, pour ne pas avoir besoin soit d'un repas, soit d'un rafraîchissement.

Nous nous éloignames avec un vif regret de ce pays charmant, où nous avions trouvé ce que la nature peut assembler de beau dans tous les genres, toutes les nuances du gracieux au terrible, et du léger au sublime, enfin cette harmonie universelle dans la grandeur des masses, dans la beauté des formes et dans le brillant de la couleur; tout est fait là pour exalter l'imagination et produire des sensations non encore éprouvées. Le peintre n'y trace que de faibles imitations; transporté chez lui, il s'étonne de la noblesse de ses idées et de l'effet que son ouvrage produit sur les vrais connoisseurs : le poëte y trouve cette source divine où les grands hommes ont puisé ces images sublimes qui tantôt procurent à l'ame les plus douces émotions, et tantôt la remplissent d'effroi et de terreur; sans doute il dira avec moi, en parcourant cette contrée si digne d'être chantée :

> Depuis qu'à nos cantons une Parque ennemie
> A ravi ce Haller dont l'étonnant génie,
> Cultivant d'Apollon tous les arts différens,
> Au plus vaste savoir joignait tous les talens,
> Qui nous retracera ces collines charmantes,
> Ces vallons enchanteurs, ces plaines verdoyantes,
> Et ces lacs toujours clairs, et ces riches forêts,
> Qu'habitent à l'envi Flore, Pan et Céres?
> Quel pinceau nous rendra ces Alpes si fertiles,
> Séjour de l'innocence, azile du bonheur,
> Où le simple berger dans ses châlets tranquilles
> Méprise la fortune autant que la grandeur ?
> Et quel autre osera sur les traces savantes
> De ce chantre immortel que pleure l'univers,
> Reproduire à nos yeux ces Cascades bruyantes
> Dont l'arc d'Iris a teint les ondes transparentes,
> Ces Torrents écumeux suspendus dans les airs,
> Qui font trembler les monts par leurs chûtes pesantes,
> Et ces vastes Glaciers dont les masses brillantes,
> Éternels réservoirs de vingt fleuves fameux,
> Bravent la canicule et menacent les cieux.

Il faut monter continuellement, lorsqu'on veut se rendre à Lungueren par Hausen et le village solitaire de Brunig, situé sur la pente du mont qui porte le même nom, aux confins du canton de Berne et d'Unterwalden : le chemin quoique rude n'est pas absolument pénible; en différens endroits, nous jouïmes de points de vue superbes, dont plusieurs sont d'un très-grand style; et du péage sur la hauteur, nous donnames un dernier coup d'oeil à cette contrée délicieuse du Hasly; le séjour que nous y avons fait sera toujours pour nous une source des plus doux souvenirs.

La route, en descendant le Brunig, est très-raboteuse et pavée de pierres si glissantes, qu'il faut pour éviter des chûtes prendre soigneusement ses précautions; la pente en est si roide et en même tems si étendue, qu'au bas on est étonné de se trouver dans la plaine de Lungueren, là où l'on ne croyait rencontrer que des précipices. Les voyageurs qui viennent de quitter les magnifiques contrées du Hasly pour passer dans le pays d'Unterwalden, encore tout enchantés de la grande nature qu'ils ont eue sous les yeux, seront bien moins sensibles à ses beautés, que si pour s'y rendre ils avaient choisi un autre chemin : ici, les montagnes se changent en collines, et bientôt cette variété si intéressante disparaît presqu'entièrement; on côtoye la moitié du lac de Lungueren avant de rencontrer des points de vue qui fassent plaisir; là enfin, quelques sites heureux et champêtres, vivifiés par les eaux claires et transparentes de ce bassin, viennent couper la monotonie fatigante du paysage, et présentent à l'ame de l'artiste des images riantes et agréables. Ce lac mérite l'attention, en ce que les habitans du lieu cherchent à lui procurer un écoulement par des écluses et à lui ouvrir un passage, soit par des mines, soit à coups de ciseau à travers des rochers. Si l'entreprise réussit, ils gagneront un terrain immense, et l'on verra paître les moutons dans une plaine qui, pendant une infinité de siècles, fut peuplée de poissons et couverte de bateaux.

Habitués à la physionomie ouverte des gentilles Haslysiennes, dont la contenance aisée nous agréait infiniment, nous fumes surpris de l'air sombre et mélancolique des belles d'Unterwalden, qui nous parurent joindre à beaucoup de timidité autant de roideur; déjà le costume offre un contraste frappant. L'ajustement des Haslysiennes laisse entrevoir tous les mouvemens d'une taille bien prise: le plus beau sein du monde que ni le vêtement, ni un préjugé ridicule, n'empêchent de se former à son aise, s'agite librement sous un mouchoir de toile peinte; un autre mouchoir s'ajuste avec goût autour de la tête, quand elle n'est pas couverte d'un large chapeau de paille, sous lequel l'oeil fripon lance un regard malin: quelquefois aussi la chevelure, divisée en tresses superbes, entoure un petit feutre et réalise ainsi les coëffures de la Grèce antique, si belles par leur simplicité que tout l'art moderne n'en approche pas; d'autre fois, ces tresses flottent négligemment le long du dos. Une vaste et longue robe d'étoffe blanche et légère, qui tient à un corset d'un drap brun foncé, descend majestueusement jusqu'aux pieds, permet au corps de se développer et de prendre tout son accroissement; aussi sont-elles supérieurement faites. Si ce costume ne plait pas au premier abord, l'oeil s'y habitue si vite que par-tout ailleurs il cherche en vain un tel alliage de coquetterie et de décence; et certes, l'habillement des Subsilvaniennes n'est pas fait pour consoler de ne plus le voir: une petite coëffe singulière, qui couvre le derrière de la tête, est surmontée d'un petit chapeau de paille, doublé d'indienne, qui rarement est bien mis; la partie supérieure du corps est enfoncée dans un corset long et roide; une pièce garnie de buscs de bois, en guise de baleines, chasse la gorge sous les aisselles; et un court jupon de couleur rouge n'ajoute guère à l'agrément de cette parure: joignez à cela la coëffure hermaphrodite des femmes mariées, qui portent sur la tête un chapeau noir à trois cornes, qui toutes la pipe à la bouche: fument aussi bien que les hommes, et vous ne vous croirez sûrement pas dans le pays des graces; cependant à leur regard chaste et modeste, on concluera avec quelque raison que leurs moeurs sont aussi pures que leurs coeurs sont innocens. Les vêtemens des hommes ne différent que par le chapeau de celui des Haslysiens; les premiers le portent retroussé, et les derniers rabattu. Le pays est par-tout bien cultivé, et les pâturages sont couverts de la plus belle herbe: les essais qu'on y a faits de planter des légumes et d'ensemencer les terres en prouvent la fécondité, et sont fort encourageants pour les propriétaires. Les maisons sont généralement bien bâties, aérées, commodes et gaies; celles des environs de Stantz sont assez dans le goût d'architecture des villes libres de l'Empire: elles ont à l'extérieur un air de propreté qui fait plaisir, et annoncent non-seulement de l'aisance, mais même des richesses. Nous vîmes à la couronne, principale auberge de Stantz, sur une vitre, l'inscription suivante: L'an 1712, ceux d'Unterwalden, de Schweitz et de Zug marchèrent contre les Bernois, les défirent et s'en revinrent victorieux: de pareils souvenirs annoncent encore une mésintelligence secrète, et ne devraient être soufferts nulle part, sur-tout dans un tems où il importe plus que jamais de resserrer les noeuds de la confédération helvétique, et où par le fait ils deviennent chaque jour plus étroits.

Il y avoit alors à Stantz des recruteurs qui engageaient pour le service d'Espagne, à qui le canton avait accordé la levée d'un régiment, dont les officiers devaient être absolument du pays; quant aux soldats, on n'était pas difficile sur leur patrie, mais bien sur leur croyance: et voici un fait que nous consignons ici, comme aussi singulier que caractéristique, c'est que deux recrues allemandes y firent alors dans l'église principale une abjuration solennelle du Luthéranisme, pour avoir l'honneur de servir Sa Majesté Catholique, en qualité de simples soldats.

Nous arrivames trop-tard et partimes le lendemain trop-tôt pour prendre des renseignemens sur les curiosités de ce chef-lieu du canton: nous nous embarquames à Buochs, très-beau village au bord du lac de Lucerne, pour notre pélerinage patriotique, et primes des vivres à la Treib; cet endroit n'est, il est vrai, qu'une rade où l'on ne trouve qu'une belle auberge, mais on y jouit d'un point de vue délicieux sur Schweitz et ses environs. Les montagnes qui ceignent ce lac lui donnent un air de ressemblance avec celui de Thoune, mais leurs sommets sont un peu plus pointus: nous passames de-là au fameux Rütli, qui fournit au peintre autant qu'au Suisse matière à réflexion; nous visitames ensuite la chapelle de Tell avec un sentiment de respect, de vénération et de reconnaissance; nous parcourumes d'un regard avide la place fameuse où la providence sauva des horreurs d'une perpétuelle captivité l'homme qu'elle avait choisi, non-seulement pour venger un peuple opprimé, mais aussi pour en briser les fers; et nous nous écriames avec un de nos poëtes Suisses...

   Quel beau théatre et d'honneur et de gloire
   Paraît et s'ouvre à mon oeil enchanté!
   Par-tout j'entends cris et chants de victoire...
   Par-tout je vois courage et liberté.   *Br....*

Un orage qui s'avançait le long des montagnes déroba à notre vue leur plus belle partie, en les voilant de nuages et de brouillards épais. À peu de distance, nous apperçumes taillé dans le roc un monument bien intéressant pour l'homme sensible; il fut érigé par un père qui rencontra là sur un bateau son fils unique, dont il pleurait la perte depuis bien des années: enfin nous débarquames au port de Fluelen, charmant village du canton d'Uri, entrepôt général de toutes les marchandises qui viennent d'Italie en Suisse, par le St. Gotthard: nous traversames gaiement le chef-lieu d'Altdorf, et nous nous rendimes, ravis d'être sur terre classique, à Bürglen lieu de naissance de Guillaume Tell, où son ancienne demeure a été changée en chapelle, qu'une piété mal entendue n'a cependant pas osé consacrer à lui seul. Dans ce pays là, tout a trait à cet homme, et si les Uraniens refusèrent l'offre d'un Français d'ériger un monument au fondateur de leur liberté, il ne faut l'attribuer ni à un manque de patriotisme, ni à une froide indifférence, mais bien à cette simplicité suisse qui, supérieure aux prétentions de la vanité, dédaigne toute espèce de faste et d'ostentation. Dans un pays où une tradition révérée transmet de père en fils les hauts faits de nos ancêtres — dans un pays où nous avons un Rütli et diverses chapelles construites sur les places immortalisées par leurs actions mémorables — dans un pays où la mémoire de nos grands hommes est un objet de culte, où chacun se fait gloire et bénit le ciel d'être leur concitoyen, où il suffit de leur nom pour imprimer ce respect, où douter d'un seul point de leur histoire passerait pour un blasphème — un bloc de marbre n'est point nécessaire pour nous rappeller leur souvenir. J'ai vu des monuments élevés, des statues érigées à des hommes célèbres; le talent de l'artiste absorbait tout: en admirant son chef-d'oeuvre on oubliait le héros; tandis qu'ici nous nous sentons Suisses, nous faisons voeu de défendre la liberté que nos devanciers nous ont acquise, aux dépens de tout ce qui nous est cher, au péril même de la vie; et nous apprenons ce que c'est qu'une patrie, et ce que vaut une patrie — telle que la nôtre.

Auprès de la chapelle de Tell, bâtie sur les fondements de sa demeure, s'élève à côté d'un humble presbytère une vieille tour quarrée, encore assez bien conservée, qu'on dit avoir été l'ancienne demeure des maires du lieu, qui percevaient et géraient les revenus du chapitre de Séedorf. Or Tell, qui avait été revêtu de cet emploi honorable, après avoir épousé la fille du Landamman Waltherfürst, d'Attinghausen, un des premiers confédérés du Rütli, était un homme très-considéré, par conséquent plus fait pour prendre à coeur les procédés insultans de Gessler, qui paraît aussi avoir voulu essayer sur lui jusqu'où il pourrait pousser son despotisme. Tell survécut long-tems à son persécuteur, fut encore témoin de l'alliance conclue entre les cantons de Schweitz, d'Uri et d'Unterwalden, combattit avec son beau-père Waltherfürst, les Autrichiens à Morgarten, et perdit enfin la vie à 80 ans passés dans un débordement du Schächenbach, qui détruisit alors presqu'entièrement le village de Bürglen. Ce torrent qui augmente le romantique du lieu est un très-dangereux voisin; car quand il s'enfle, rien ne résiste à son impétuosité; il charie des rocs immenses; il déracine des forêts; il couvre de décombres les plus beaux pâturages; il détruit les ponts et les chaussées, et porte jusqu'à Altdorf l'épouvante et la destruction.

La situation d'Altdorf n'est pas agréable en elle-même, mais la beauté de plusieurs de ses édifices prouve assez les richesses qu'ont versées sur ce bourg le commerce de commission et le service d'Espagne. La route du St. Gotthard est un vrai chef-d'oeuvre: près d'Altdorf, elle est assez large pour que deux voitures puissent se croiser; et s'il était impossible de lui donner par-tout la même largeur, cependant dans les passages les plus étroits des mulets chargés se rencontrent et défilent de part et d'autre, sans danger ni confusion.

Le voyageur est reçu à Altdorf fort honnêtement; on lui montre tout ce qui peut l'intéresser, avec complaisance, mais sans cette affectation dont on le fatigue ailleurs: nous y vimes avec surprise, pareequ'on ne s'y attend pas, quelques maisons magnifiques avec de très-beaux jardins attenans, où les propriétaires (deux Messieurs Müller) ont réuni à la commodité de la demeure tous les agrémens d'un luxe bien entendu.

On montre dans cette contrée plus de goût pour la musique que pour la peinture; et cela est naturel, car la première contribue davantage aux agrémens de la société que la dernière. Ses habitans sont bons, officieux, francs et loyaux; on y retrouve le vrai caractère de nos ancêtres, et si leur extérieur ne prévient point à la première vue, ils gagnent infiniment à être connus de près: on y trouve une bonne société, et l'on remarque plusieurs personnes qui, dans leurs voyages, ont ajouté aux vertus helvétiques tous les dehors d'une politesse aimable. La quantité de couvens, de chapitres et d'autres fondations pieuses, est peut-être, par une commisération mal adroite, la cause que les pauvres de l'endroit aiment si peu à s'occuper: on fournit à toutes leurs nécessités, on leur donne ici de la soupe, là du pain, et autre part de l'argent; qu'ont-ils besoin de travailler? Sans souci, sans inquiétude, ils vivent du jour à la journée, et dès qu'ils ont une fois pris ce train de vie, il est difficile de les en faire revenir.

Mais le paysan de ce canton est aussi actif que laborieux; il met à profit le moindre terrein avec des peines infinies, et il tire autant de son sol pierreux, que les habitans du canton de Schweitz de leurs terres fertiles; il est doux, bon, infatigable dans le travail, et ne se laisse jamais rebuter dans ses entreprises; sa soumission aux loix de l'état et la pureté de ses moeurs sont tout-à-fait exemplaires: sobre à l'excès, et content de son sort, il trouve le bonheur dans une situation qui par-tout ailleurs ne serait point enviée.

Chez Monsieur le Secrétaire d'état Müller, grand amateur de musique, nous vimes un cabinet d'histoire naturelle très-considérable, consistant en cristaux, en agathes, en très-belles pétrifications et différentes autres productions singulières de la nature: si tous ces objets rares étaient rangés systématiquement, ce seroit une des plus belles collections de la Suisse, d'autant plus que tout ce qui s'y trouve vient du canton même et sur-tout du St. Gotthard.

Malgré les pluies continuelles, nous fimes quelques tournées dans les environs d'Altdorf, toujours accompagnés de notre hôte officieux, Monsieur Gyssler du soleil d'or, qui nous indiquait tout ce qui mérite quelque attention ; ni ses affaires, ni le mauvais tems, ne l'empêchèrent de nous rendre ce service, et sa complaisance envers nous resta toujours inaltérable. Après avoir traversé la Reuss sur un pont de bois, nous nous rendimes à Attinghausen; nous vimes les ruines pittoresques de la résidence des nobles de ce nom, si célèbres dans les anciennes chroniques du pays; nous montames au village, en côtoyant un ruisseau qui en égaye les prés et répand bien de l'agrément sur la contrée: là nous trouvames le plus beau point de vue que nous eussions encore rencontré sur cette route; c'est grand dommage, qu'il ne se prête point au pinceau; en le regardant, je disais à mes amis de voyage :

   Ceignons ici nos fronts des fleurs dont la victoire
   Couronna si souvent le front de nos Ayeux;
   Et que des tems passés la mémorable histoire
    Se retrace à nos yeux.

   Compagnons! tout ici nous rappelle l'image
   De ces combats sanglans où la seule valeur
   Sut balancer le nombre, et du destin volage
    Enchainer la faveur.

   Venez! cherchons ces lieux si chers à la patrie,
   Qui long-tems sous le joug vit ses enfans courbés;
   Où jaloux de leurs droits, prodigues de leur vie
    Nos Pères sont tombés.

   Couvrons de fleurs la place où repose leur cendre.
   Mais c'est peu d'admirer un trépas si fameux;
   Si de ces vrais Héros le ciel nous fit descendre,
    Sachons être comme eux.

   Aux dépens de leur sang je vois la Suisse libre,
   D'Athènes en ses beaux jours égaler la grandeur,
   Et des exploits fameux dont fut témoin le Tybre
    Effacer la splendeur.

   Amis! que dans ces tems de tumulte et d'orage
   Nos bras qui dans le calme auraient pu s'engourdir
   S'arment pour conserver notre antique héritage
    Et non pour l'agrandir.

   Heureux si dédaignant d'embrasser la querelle
   De ces Rois que jadis ont vaincus nos Ayeux,
   Nous transmettons les fruits d'une paix éternelle
    A nos derniers neveux!   Br....

À travers une plaine délicieuse que coupe le lit inconstant de la Reuss, l'artiste porte au loin ses regards; toute la terre classique est à ses pieds : son coeur pénétré des émotions les plus patriotiques, si du moins il est Suisse, en parcourt les divers points avec un double plaisir. D'un côté, il voit des hauteurs d'Attinghausen, l'ancien couvent de dames Zuricois, nommé Séedorf, et le Rütli au fond... de l'autre côté, il apperçoit avec tout l'intérêt que de grands souvenirs inspirent à quiconque connait notre histoire nationale, le roc aplati sur lequel Guillaume Tell s'élança du bateau. — Plus près de lui, l'agréable Flüelen se mire dans les eaux transparentes du lac: non loin de-là, il découvre le bourg d'Altdorf, et sur sa droite Bürglen, deux endroits si connus par Tell et Gessler. Des monts majestueux élèvent sur les deux rives du lac leurs sommets neigeux et leurs masses terribles entassées les unes sur les autres: le fertile Rigi termine enfin cette scène admirable. Delà nous nous transportames, par un chemin raboteux et difficile, le long d'un aqueduc assez pittoresque, à Schattdorf où nous rencontrames près d'une maison à danse, (espèce de bâtiment qu'on ne retrouve que dans ce canton) beaucoup de gens assemblés : notre hôte nous introduisit dans cette compagnie, et il eut la complaisance de nous mettre au fait des usages du pays; c'était une noce avec tous les convives. À peine fumes-nous entrés, que le nouveau marié nous fit inviter avec le plus cordial empressement à prendre part aux plaisirs du jour; mes compagnons de voyage acceptèrent cette politesse avec reconnaissance: des belles exercées à nos danses leur furent présentées; on joua une allemande, et la bande joyeuse forma rapidement un rond autour des musiciens. J'observais que chacun restait fidèle à la cadence; preuve certaine d'une oreille juste; si les danseurs de la plus vive gaieté mettaient dans leurs mouvemens peut-être trop de pétulance, du moins se conduisaient-ils toujours avec la dernière décence, et n'offensaient jamais la chaste oreille de leurs compagnes, par ces équivoques trop communes... marque évidente d'une ame corrompue: ils se livraient à ce plaisir de tout leur coeur, comme des gens qui ont rarement occasion d'en user, et qui dans leurs jouissances oublient toutes les peines de la vie. Les jeunes danseurs n'étaient pas très-grands; mais, ainsi que leurs danseuses, ils étaient d'une taille forte et nerveuse, du reste vifs, gais et alertes: si leur physionomie n'est pas des plus belles, du moins sera-t-elle toujours intéressante par le contentement qui l'anime. Ces campagnardes avaient la plûpart de très-beaux yeux, ce ton de couleur qui annonce une santé robuste, un sang pur et la constitution la plus vigoureuse: leur coëffure est un petit bonnet noir, que les femmes décorent quelques mois après la célébration du mariage (qu'elles cherchent à cacher aussi long-tems que possible) d'une légère garniture de dentelle blanche, pour annoncer leur état; toutes portent des boucles d'oreilles et un collier de corail rouge entremêlé de plaques d'argent doré; ce qui contraste par-fois assez singulièrement avec leurs pieds sans chaussure, et les guenilles dont elles sont couvertes les jours ouvriers. Leurs corsets de gala sont d'un damas en laine, garnis vers l'aisselle d'un point d'Espagne étroit; et leurs pièces renforcées de quantité de baleines, de même que le corps: leurs jupons sont d'une couleur quelconque, où cependant le rouge est préféré: le vêtement journalier est bien plus simple; les deux sexes s'affublent d'un accoutrement de toile nommé chemise au foin, surmonté d'un capuchon, dont on se couvre la tête dans les jours de pluie et dans le tems des fénaisons pour porter l'herbe. Nous vimes aussi là un échantillon de la force d'une Uranienne, qui ramassa d'une main son danseur tombé par terre, et qui continua le rond, comme si de rien n'était. Dans ces lieux d'assemblée, on ne sert aucun rafraichissement, parceque le bal finit toujours à nuit tombante; mais on va de là au cabaret où l'on soupe, et d'où l'on se rend d'assez bonne heure à la maison; ainsi ces parties ne tendent jamais à la corruption des moeurs, et ne fournissent aucune occasion à la débauche; elles sont ce qu'elles devraient être par-tout, le plaisir le plus innocent auquel puisse se livrer le laborieux campagnard.

La route d'Altdorf au St. Gotthard conduit le voyageur, de Kirchfelden, à travers une plaine charmante, arrosée par la Reuss, à Staeg, endroit remarquable dans l'histoire de la patrie, qui naguère réduit en cendres est maintenant rebâti à neuf, et dont le site est aussi intéressant pour l'artiste, que propre à fixer l'attention du Suisse, par les ruines de la tour de Gessler, qui l'éleva afin de couper aux Uraniens toute communication avec l'étranger, et qui l'appela en conséquence Bride-Uri sous l'escalier; mais elle fut bientôt détruite, et la providence déjoua les projets sinistres du tyran: on n'en voit plus que de faibles restes, tandis que la malédiction poursuit toujours le nom détesté de Gessler, et qu'elle le transmet, comme un épouvantail éternel, aux races futures.

Le Kerschelenbach et la Reuss entourent cet endroit de leurs eaux redoutables, et lui sont très-nuisibles par les pierres dont, malgré les digues élevées, ces torrens couvrent dans leurs débordemens les pâturages fertiles des alentours. De-là, en montant toujours, on arrive au lit d'une avalanche, qui se précipite périodiquement, trois fois l'année, d'une montagne voisine nommée le Brüstistok, et qui entraîne par sa chûte, soit le passager malheureux, soit les mulets italiens, dans un abime profond, avec un bruit effrayant dont celui du canon n'approche que faiblement; elle s'élance entre deux monts; elle en remplit le vaste espace; elle arrête dans son cours la terrible Reuss, la fait refluer ou l'enferme dans une digue de neige: alors, les habitans de Staeg prennent dans son lit rocailleux, devenu presqu'à sec une infinité des plus belles truites. Sur la route, on a pratiqué un abri voûté pour éviter l'avalanche, s'il est possible; car le seul moyen de sauver sa vie dans un accident pareil, c'est de s'y tenir à couvert, jusqu'à ce que s'arrêtant et se brisant contre les rochers, la neige réduite en poussière par la violence du mouvement, se soit dispersée dans les airs. Si son impétuosité l'écarte de sa route ordinaire, alors le dommage est immense: ici, des forêts entières sont détruites; là, les prés, les pâturages et les champs sont encombrés; et si l'on ne voyait point cet amas épouvantable de neige diminuer imperceptiblement par la fonte, on serait tenté de le prendre pour un grand rocher sablonneux. — On nous a raconté, qu'un habitant de l'endroit, qui fut surpris, avec des chèvres qu'il gardait, par une avalanche pareille, non-seulement y resta 24 heures, mais qu'il entendit distinctement tout ce que disaient ses camarades réunis pour mettre en pièces cette prison glacée, et sauver les malheureux qu'elle pouvait retenir: après avoir inutilement essayé de se faire entendre, il se trouva dans la dernière perplexité, craignant toujours d'être assommé par ceux qui devaient être ses libérateurs. — Par cette lutte continuelle entre la vie et la mort, son coeur était, tantôt fermé par la terreur, tantôt ouvert à l'espérance; chaque coup de pieu, chaque secousse le couvrait d'une sueur froide.

et lui arrachait des mouvemens convulsifs ; il faisait les plus grands efforts, tant avec les mains qu'avec les pieds, pour s'en garantir ; mais il manquait d'espace pour se mouvoir ; et le désespoir allait s'emparer de son ame, lorsqu'il fut dégagé par un bonheur indicible, et rendu enfin au sentiment de son existence, qu'il disait ne devoir qu'au lait de ses pauvres chèvres : aussi ne voulait-il jamais s'en séparer, et son occupation favorite fut toujours de les soigner de son mieux.

La route va en serpentant continuellement, le long des montagnes, jusqu'à Wasen, tantôt par dessus des pilôtis et des rondeaux de sapin, tantôt à travers des blocs immenses de granit sur un pavé très-bien fait. La végétation si belle ailleurs diminue ici, au point que le sapin rabougri ne passe guère la taille d'un buisson ordinaire. Le voyageur suit toujours le cours bruyant de la Reuss, et la passe sur huit ponts de pierre, dont trois sont des vrais chefs-d'oeuvres : elle se déchaîne tantôt à sa droite, tantôt à sa gauche ; ses flots mugissans se heurtent en bouillonnant contre la pierre, et se réduisent en poussière, ou en écume brillante qui s'élève et disparaît en l'air. Bientôt, le pont du Diable se montre dans son entier ; c'est un ouvrage unique en fait de maçonnerie : sa voûte, qui s'élève de soixante pieds au dessus du plan de son diamètre, est supérieurement construite ; et quiconque regardera d'un oeil non prévenu, et avec l'attention dont elle est digne, cette chaussée singulière, depuis Altdorf jusqu'au trou d'Urseren, ouverture de soixante-dix pas taillée dans un énorme rocher ; quiconque réfléchira mûrement aux difficultés d'une pareille entreprise et aux travaux immenses qu'elle a nécessités, sera forcé de convenir qu'elle est digne des anciens Romains.

Par sa situation seule, cette contrée qui n'est qu'un affreux désert inspire déjà de l'effroi ; c'est le pays le plus misérable, habité par des gens plus misérables encore, qui sont obligés pour le peu de bétail qu'ils possèdent, de ramasser l'herbe d'entre les rocs précipités, et d'user en guise de bois de la plus chétive broussaille. Cette malheureuse région s'étend de Wasen jusqu'au pont du Diable, l'espace de trois mortelles lieues ; tout ce district entier (Gestinen excepté) parait une terre maudite, séjour de l'adversité et de la dernière misère : cependant personne n'y mendie ; mais ces pauvres gens sont contraints au plus dur travail, car dans leur voisinage ils n'ont ni couvents, ni chapitres qui les nourrissent.

L'aspect des alentours du pont du Diable est d'un sublime effrayant ; les blocs entassés les uns sur les autres remplissent l'ame de terreur ; on croirait qu'on a sous les yeux les ruines d'un monde entier, et que la fable des géans s'est réalisée. Mais, comment peindre la surprise du voyageur, au sortir du trou d'Urseren ! Les images les plus sinistres font place à la scène la plus agréable et la moins attendue ; le chef-lieu de la vallée d'Urseren se montre tout-d'un-coup au milieu d'une plaine fertile, qu'arrose une rivière dont les eaux limpides, coulant sur un gravier uni, répètent les paysages d'alentour : l'impétueuse Reuss qui désole tout dans son cours destructeur perd ici sa furie ; et son bruit de tonnerre devient le murmure léger d'un paisible ruisseau, qui n'encombre pas, mais qui embellit de gras pâturages. Cependant, l'aspect d'une contrée dépourvue de la plus belle partie de la végétation, où l'on n'apperçoit qu'un bouquet de noirs sapins derrière le bourg d'Urseren, et par-tout ailleurs que de chétifs buissons, ou des rocailles verdâtres, un tel aspect, dis-je, tout surprenant qu'il soit, n'est sûrement point fait pour intéresser long-tems l'artiste; quoique frappé d'abord de ce contraste singulier, il ne tarde pas à éprouver les ennuis d'une monotonie aussi fatigante, et l'impression d'une pénible mélancolie. Aussi nous n'y tînmes pas long-tems; et après avoir vu tout ce qui pouvait nous intéresser dans cette vallée, nous revînmes au plus vite à Altdorf, que nous quittames par un tems superbe, pour nous rendre en hâte dans les délicieuses contrées du canton de Schweitz. Mais à peine avions-nous fait un quart de lieue, que nous trouvames les environs du lac inondés, et que nous fumes obligés d'entrer à Fluelen sur des planches qui couvraient la route en guise de pont: là, nous nous séparames de nos amis; et après les avoir embrassés pour la dernière fois, nous nous embarquames dans le dessein de continuer notre pélerinage aux saints lieux de la patrie; mais une pluie subite nous empêcha encore cette fois de voir à notre aise la chapelle de Tell et ses environs. Cependant, nous remarquames mieux qu'auparavant la majesté sublime de ce paysage, nous bénîmes derechef l'homme qui nous a délivrés de la servitude; et nous sumes bon gré aux habitans de ces cantons, de s'exercer toujours, en mémoire de lui, à tirer de l'arbalète, et de ne pas abandonner entièrement cet usage à la faible enfance. Dans leur tirage, on voit son portrait; quoiqu'il ne porte ni l'empreinte de l'art, ni le sceau de la vérité, il servira toujours au souvenir d'un héros, qui éleva à la liberté un temple indestructible, au sein de nos montagnes.

Le vent du midi, qui se fait continuellement sentir à Altdorf, y cause des maux de tête assez violents, et verse sur l'humeur la plus badine une teinte sensible de mélancolie: les étrangers sur-tout s'en ressentent vivement; et souvent, ils en deviennent sourds. Mais, là où la position des monts arrête son souffle pernicieux, le peuple est gai, éveillé et jovial; il possède un teint animé, et la meilleure santé; tandis que les habitans du chef-lieu sont pales, défaits, faibles, inquiets, du moins pour la plûpart, et soumis toujours plus ou moins à l'influence funeste de cette espèce de Siroc, dont un des effets est de s'opposer au plein développement de la taille. C'est à la mauvaise qualité des eaux qu'il faut attribuer les goîtres nombreux dont sur-tout les femmes sont affligées: voilà deux causes qui influent infiniment sur le physique et même sur le moral des habitans de ce district.

Nous débarquames ensuite à Brunnen, village du canton de Schweitz, dont la situation est aussi pittoresque que la structure de ses maisons: le lac qui s'était débordé avait mis ici tous les environs sous l'eau; mais, en avançant par un sentier charmant, nous nous trouvames bientôt dans un vrai paradis: les plus fertiles contrées, où toutes les graces des plaines s'unissent à la majesté des montagnes, et où le cours sinueux de la Sewer paisible contraste avec l'impétuosité de la rapide Muëtha, offraient à nos regards enchantés l'aspect le plus riant. Nous n'eumes pas besoin de chercher plus loin la cause de la gaieté et du contentement de ces campagnards qui, satisfaits de leur sort, négligent tout moyen de tirer un meilleur parti d'un sol gras et fécond, dont le moindre travail doublerait le rapport: mais presque tous les peuples, dont l'unique branche d'industrie est le soin du bétail et des pâturages, ennemis déclarés de toute occupation fatigante, aiment le repos, le loisir et leurs aises; cependant le luxe, qui va toujours en augmentant, ne tardera pas à leur donner des besoins, qui les forceront à de plus pénibles travaux, pour arracher à la plaine ce que les Alpes ne pourront plus leur fournir. La nature libérale accordant ici à chaque individu ce dont il a besoin, et le paysan étant généralement bien dans ses affaires, il sent fortement son indépendance, et se présente par-tout avec l'assurance d'un homme libre : l'inflexibilité de son caractère donne beaucoup de peine à ses magistrats, et répand même par-fois beaucoup de rudesse sur ses moeurs; l'opiniâtreté est l'ame de ses actions, et s'il ne possédait pas des notions aussi claires de l'équité et du droit naturel, son effervescence l'entraînerait souvent à des excès qui ne nuiraient à personne autant qu'à lui-même.

Le bien-être dont jouissent la plûpart des habitans du canton de Schweitz, autant que leur peu d'occupations, les rend passionnés pour le plaisir, auquel ils se livrent de toute façon; mais leurs amusements dégénèrent bientôt: leur gaieté devient malice, et produit quelquefois des scènes assez violentes, qui caractérisent parfaitement la jeunesse du pays. Leurs courses nocturnes ont aussi leurs singularités, et passent souvent les bornes de la moralité : le corps courbé, l'habit jeté en avant sur la tête, et en contrefaisant leur voix, les jeunes gens s'attaquent; ils commencent le jeu, en essayant leur vigueur réciproque, par des secousses qui doivent faire perdre le terrain au plus faible; à cet effet, enlaçant l'un dans l'autre l'index de leur main droite, ils s'attirent, s'ébranlent avec force, cherchent à se faire tomber et profitent de leurs avantages, pour s'assener des coups de poing si violents sous la mâchoire inférieure, qu'ils la brisent par-fois, ou du moins qu'ils en ébranlent toutes les dents : la farce finit enfin par une bataille en règle; et le plus faible parti cède aux vainqueurs, sans se plaindre, parceque la police ne prend aucune connaissance des désordres nocturnes : le lendemain, tout est appaisé, tous sont amis, et personne n'en parle. Si la jalousie leur fait commettre des excès, qui de tems-en-tems inquiétent le public, c'est alors une leçon salutaire au beau sexe, qui l'engage à se garder soigneusement de l'apparence même d'une action inconséquente, parceque les jeunes écervelés ne manqueraient pas d'en parler, et que cette indiscrétion ferait à l'honneur une tache ineffaçable.

Les jeunes filles à marier reçoivent après souper tous les garçons de leur connaissance, sans se gêner; mais le décorum exige, que ceux-ci se présentent chez elles avant les neuf heures, et que tant qu'ils jugent à propos d'y rester, une chandelle soit allumée sur la table à côté de la chambre à coucher de la fille, celle des parens, qui par leur proximité tiennent la jeunesse en respect. La belle a-t-elle fait son choix, il est communiqué de suite aux pères et mères, et ceux-ci en font part à la société, qui cède aussitôt la place à l'amant préféré, et celui-ci dès ce moment est censé être de la famille, si toutefois sa conduite n'y met point d'obstacle : nulle autre part que dans la maison paternelle on ose se voir; et quiconque s'émanciperait en pareil cas se perdrait tout-à-fait de réputation, et ne regagnerait jamais l'estime du public.

Les deux sexes sont ici d'une taille plus avantageuse que dans le canton d'Uri: la physionomie des belles de Schweitz est d'une douceur enchanteresse; leur oeil est brillant et rempli d'expression : dans leur regard languissant, on croit appercevoir la tendresse d'un coeur aimant, et l'effusion d'une ame sensible; les femmes mariées même baissent encore modestement ces beaux yeux, qui les rendent si intéressantes, et préviennent tant en leur faveur. Le sexe reste invariablement attaché à son ancien costume national; et, dans un endroit où il y a tant d'aisance, et qui ne manque ni de noblesse, ni de maisons opulentes, on sera surpris de ne rencontrer ni bonnets montés, ni coëffures en cheveux: si les jeunes dames s'habillent quelquefois en mousseline, ce n'est que pour la grande parure; jamais elles ne portent de robes longues, pas même les jours de fête; les vénérables matrones s'en sont emparées, mais d'une façon qui ne les fera jamais taxer de vaine gloire, ni de goût pour le luxe. Pour paraître avec avantage, il suffit aux jeunes filles d'un déshabillé élégant, qui marque bien leurs superbes tailles: les demoiselles nattent leurs beaux cheveux, et en entourent avec goût une grosse aiguille d'argent doré, comme les anciennes Grecques; tandis que les dames mariées passent les leurs en arrière de la tête, sous une petite coëffe noire, garnie d'une dentelle blanche, qui indique la dignité matrimoniale. Leurs graces naturelles, jointes à un air de modestie et de décence répandu sur tous leurs mouvemens, font revivre ici ces êtres célestes, dont les anciens poëtes peuplaient les contrées ravissantes, si bien décrites dans leurs chants. Un teint bien animé n'est ici que le partage de l'enfance; mais la peau la plus fine et la plus transparente est celui de ces beautés séduisantes, qui à tant de charmes unissent les qualités les plus estimables du coeur et de l'esprit. Le grand nombre de ménages heureux, qu'on trouve à Schweitz, aussi bien que le respect qu'on y témoigne aux mères de famille, prouvent clairement que le portrait que j'en esquisse n'est point flatté, et doivent leur assurer la vénération de tout homme de bien qui, les connaissant de près, saura les apprécier.

Les exercices en vogue à Schweitz sont la palestre des anciens, le tirage au but, la course et le saut; il y a pour ces jeux là des prix d'encouragement, que les magistrats font distribuer dans l'occasion aux vainqueurs. — La musique est ici un des plaisirs favoris, et contribue à resserrer les liens de la société, sur laquelle elle répand encore plus d'agrémens qu'à Altdorf, où les différentes classes de la bourgeoisie se tiennent à une plus grande distance, et portent par là un coup mortel à l'aimable cordialité.

Ce n'est qu'à la campagne, qu'on peut jeter un regard observateur sur la physionomie vraiment Suisse, avec l'espoir de quelque succès: dans les chefs-lieux, elle s'abâtardit bientôt, soit parcequ'on s'y est marié à des étrangères, soit parcequ'on a accordé à des familles d'une autre région le droit de bourgeoisie; d'après cela l'originalité des traits nationaux disparaît peu-à-peu. Le campagnard, moins esclave des convenances, se livre tout bonnement aux sentimens de son coeur, aux impulsions de la nature, et conserve en épousant une femme du même lieu bien plus long-tems les traits distinctifs de sa classe, et l'identité de son caractère moral: ainsi dans le canton de Schweitz, la taille du paysan est bien prise, quelquefois belle et dessinée sur les plus exactes proportions. Sa physionomie est expressive, ses yeux enfoncés, mais spirituels; le nez qui au contraire avance beaucoup, est généralement aquilin, et bien formé; le front est élevé, et s'arrondit doucement vers les tempes; l'occiput a la grandeur nécessaire pour l'extension de la cervelle; la bouche est d'une mobilité singulière dans ses formes; elle est bordée de lèvres ordinairement fort minces, et ornée d'une garniture de très-belles dents; les différentes impressions de gaieté, d'humeur et d'une passion quelconque, qui s'y succèdent avec rapidité, la rendent aussi agréable que difficile à saisir; enfin, une grande expression d'énergie est répandue sur tous ses traits; sa contenance assurée et la fermeté de sa démarche dénotent une constitution vigoureuse, et beaucoup de force corporelle: un esprit naturel et d'heureuses saillies rendent son commerce piquant; il est sans souci et passionnément attaché aux anciens usages, qu'il n'abolirait jamais, fut-il cent fois convaincu de gagner au changement: il aime sa patrie, il en connait les intérêts, et leur sacrifie tout, même le magistrat le plus chéri, dès qu'il appréhende qu'il ne prenne trop d'ascendant dans les affaires publiques.

Les paysannes du pays de Schweitz sont sveltes, bien faites, et d'une figure moins régulière qu'expressive; elles ont l'oeil vif et le regard animé, le teint frais, le maintien décent et beaucoup de gaieté: mais, dans leurs vivacités, dans leurs caprices, comme dans leurs innocentes espiégleries, elles conservent toujours la douceur, la modestie, et l'intéressante timidité d'une vierge. Leur costume est attrayant; un joli chapeau de paille, doublé d'une étoffe bleu-de-ciel est placé sur la tête avec goût: leurs tresses bien fournies sont remontées agréablement autour d'une aiguille d'argent; leur linge est très-beau, et la manche de leurs chemises est relevée par un ruban de soie sur un bras charmant. Leur long corset marque très-bien la taille, mais, comme la pièce, il est trop garni de baleines; ce qui doit non-seulement les gêner beaucoup dans leur développement, mais aussi empêcher la gorge de se bien former: la jupe est d'un camelot rayé, l'ajustement entier très-élégant, et d'une extrême propreté; quelquefois même, il est riche, car leurs corps sont ornés d'agraffes d'argent, et des chaînes du même métal descendent du haut de leurs pièces jusqu'à la ceinture; ce qui donne à leur parure un air de magnificence. Elles vont le dimanche au cabaret, sans être accompagnées d'aucun homme, mais jamais vers le soir: cependant, cette liberté ne jette sur leurs actions aucun faux jour, et ne fait point suspecter leurs moeurs; elle est, comme leur air ouvert, le fruit d'une conduite irréprochable, d'un ancien usage, et de la conscience d'une bonne réputation.

Le terrein du canton est très-fertile par-tout; il est propre à la culture des fruits, aussi bien qu'à celle des légumes: ensemencé, il rend avec usure; et des vignobles nouvellement établis ont donné un vin très-agréable: les meilleurs herbages y croissent à foison; l'on doit espérer ainsi que le fermier attentif à ses intérêts déploiera toute son intelligence, sans regretter quelques travaux de plus, pour se procurer des avantages aussi évidens, et que son émulation excitée tournera enfin au profit du pays.

Avec le secours de Monsieur le Secrétaire d'état Ulrich, qui oblige de bon coeur les étrangers, on fera à Schweitz les meilleures connaissances; la façon honnête dont il se conduisit envers nous, nous fit regretter de n'y pouvoir prolonger notre séjour; il joint à toute l'amabilité possible infiniment d'esprit et de connaissances; il est toujours ce qu'il veut être, et sa politesse aisée le rend d'un commerce très-intéressant. — Depuis quelque tems, on débitait que Messieurs les Chevaliers de Hedlinguer ne montraient qu'à regret aux étrangers la collection des médailles gravées par leur oncle défunt, si connu dans l'étranger par ses grands talens et ses compositions ingénieuses : mais, si ce médailler intéressant n'est pas encore public, ce n'est sûrement pas leur faute, et je me fais un vrai plaisir de les disculper à ce sujet, aux yeux d'un public éclairé. Madame leur mère avec laquelle ils ne vivent ni ne demeurent, possède encore tous ces chefs-d'oeuvres, et les a sous sa main; son âge et sa mauvaise santé ne lui permettent plus de recevoir à toute heure les curieux; et, dans ses bons momens, sa seule récréation est la vue de ces productions savantes d'un génie supérieur. Messieurs les Chevaliers connaissent trop les égards qu'une mère, sur-tout à Schweitz, est en droit d'exiger de ses enfans, pour l'affliger en la privant de son vivant, de cette collection qui, censée bien de famille, leur appartient incontestablement; mais aussitôt qu'elle sera en leur disposition, sûr de leur complaisance autant que de leur honnêteté, je ne doute point de leur empressement à la faire voir aux voyageurs doués des connaissances nécessaires pour apprécier ces admirables travaux. Nous devons bien des remerciments pour les honnêtetés dont ils nous ont comblés pendant notre séjour dans cette contrée délicieuse, et pour les peines qu'ils ont bien voulu prendre, en nous faisant connaître les paysages les plus intéressans, à ces Messieurs, ainsi qu'à Mrs. Gassert et Häring, dont le premier annonce d'heureuses dispositions pour le paysage, et l'autre possède de profondes connaissances en musique.

La douceur du climat de ce canton produirait à coup sûr, sous un ciel aussi sérein, des hommes supérieurs dans tous les arts; car la plûpart de ses habitans ont la tête bien organisée, et montrent beaucoup d'aptitude à tout genre d'étude : mais trop éloignés tant des bonnes écoles que des lieux où l'on peut tirer parti des talens agréables, et manquant dans le pays de Mécènes, ils seraient obligés d'abandonner une patrie qui leur fournit tout ce qui rend la vie agréable... Or je demande si la petite portion de gloire qui, parmi tant de rivaux, n'est départie qu'à un petit nombre, vaut un pareil sacrifice? —

Repassons maintenant, de ce peuple intéressant, à son pays charmant; les environs du chef-lieu sont d'autant plus agréables, que le gracieux de la nature s'y marie au grand, au beau, et même au sublime : l'artiste n'a pas besoin de chercher long-tems... À chaque pas, il trouve des points de vue ravissans; et, s'il est embarrassé, ce n'est que dans le choix; l'extrême richesse du paysage le rend indécis : absorbé dans sa jouissance, il revient souvent le portefeuille — vide.

Une des plus belles vues est, sans contredit, celle de Wylen; là, d'une colline agréable, l'oeil domine le lac des quatre cantons, et les monts superbes dont il est encadré; tandis que ces Alpes majestueuses, qui portent audacieusement jusqu'aux cieux leurs cimes neigeuses et leurs glaces éternelles, répandent sur la contrée tant de grandeur et tant de noblesse, que l'ame en est saisie d'étonnement, et se perd dans l'admiration de ces merveilles; il en coûte d'en détourner la vue, et de se priver un seul moment d'un pareil spectacle. Si cet aspect charme tant l'artiste sensible, quel effet ne doit-il point produire sur le Suisse, qui unit dans son coeur le sentiment du beau à l'amour de la patrie? Ici est étendu à ses pieds le village si pittoresque de Brunnen, où se conclut la première alliance entre les cantons de Schweitz, d'Uri et d'Unterwalden; plus loin, sur la rive droite du lac, il découvre le Rütli devenu si fameux par les trois confédérés Arnold de Melchthal, Werner Stauffacher, et Walther Fürst; et à sa gauche, la chapelle de Tell, qui consacre l'endroit où le Tout-puissant déroba aux fureurs vengeresses du cruel Gessler, ce père au désespoir, destiné à punir son persécuteur, et à rendre à son pays sa dignité première, par un même coup de flèche. Tout-à-fait dans le fond, à travers la vapeur, il apperçoit Attinghausen, lieu de naissance de Walther Fürst, et dans le dernier éloignement, le Brüstistok auprès duquel, contemplant avec délices les tristes restes de Bride-Uri, il rend graces au ciel d'avoir délivré l'Helvétie de ces despotes, et de ne connaître que par ses fastes, ces tems d'oppression et de tyrannie, qui sont si bien décrits dans cet ancien distique:

<blockquote>
L'humilité pleura, l'orgueil eut bonne chance,
Quand les Suisses ont fait leur première alliance.
</blockquote>

En se retournant un peu sur la même place, l'on voit paraître aux pieds du double coupeau des Mythes, ce Schweitz charmant, entouré de toutes parts de belles campagnes, de champs fertiles, et de pâturages abondans. Des Alpes chargées de troupeaux et de châlets s'élèvent tout au-tour, tandis que la Sewer et la Muëtha parcourent la plaine en différens sens, et versent en paix leurs belles eaux dans le lac voisin: non loin de là, on a sous les yeux le riant Ingibohl, situé au bas du Stos, montagne non-seulement fertile, mais douée d'un air si pur, qu'il guérit le malade qu'on y transporte, aussi bien que les plus savantes ordonnances du médecin, et rend inaltérable la santé du laitier qui l'habite. Le regard s'arrête enfin sur le Val de la Muëtha, aussi intéressant par sa situation pittoresque, que par ses habitans, qui conservent, dit-on, religieusement leurs anciens usages, et les moeurs patriarchales d'un peuple berger: plus beaux et mieux constitués que les autres Suisses, ils doivent l'emporter aussi sur eux en bonne foi et en franchise, et faire par leurs vertus antiques un contraste bien remarquable; on leur accorde un caractère si estimable, et de si grandes qualités, qu'on est enchanté de voir qu'au moins dans cette solitude, l'humanité ait pu se préserver de la corruption générale. Du Séminaire, nommé le petit couvent, se présente un amphithéatre magnifique: la vue s'étend au loin sur le grand lac des quatre cantons, se porte sur les Alpes qui le couronnent, et s'arrête sur de superbes glaciers, dont les cimes brillantes jettent, au soleil couchant, un éclat merveilleux. À côté des Alpes de Gersau et du Murliberg paraît le joli lac de Lowerz, avec ses isles charmantes: le dernier regard de notre oeil satisfait de tant de beautés vint enfin se reposer sur ce Schweitz ravissant, que la nuit commençait à envelopper de son voile ténébreux; mais l'imagination nous retrace encore les scènes enchanteresses, auxquelles le coeur prenait un intérêt si vif, et fait revivre aux yeux du peintre le brillant coloris de cette magnifique soirée.

Nous avions entendu parler si souvent de la république voisine de Gersau, que nous nous proposames de visiter ce phénomène politique, et d'en lever un dessin. Quoique les sentiers fussent rompus par de longues pluies, et que dans différens endroits, on ne les suivit pas sans danger, nous les préférames cependant (à cause des points de vue) au trajet en bateau; mais, pour en jouir à notre aise, nous ne nous pressames point : près d'une colline romantique, nous nous mîmes sous des grouppes de très-beaux châtaigniers, à l'abri d'une chaleur étouffante, et nous reprîmes là, avec des forces nouvelles, le courage nécessaire pour suivre une route, où le moindre faux-pas nous eut conduits à une perte inévitable : ici, il fallait escalader des rochers escarpés ; et là, passer au péril de la vie par dessus des pierres mouvantes.

De Wyle, on suit constamment la pente des Alpes de Gersau, tantôt suspendu en l'air, et tantôt côtoyant les bords du lac ; les difficultés augmentent, à mesure qu'on avance, et le chemin devient de plus en plus pénible : enfin, par un escalier raboteux, taillé naturellement dans le roc, on arrive dans ce lieu fameux, et l'on croit toucher à la fin de tous ses embarras ; mais combien l'on est trompé dans son attente ! Le voyageur regrette bientôt ses peines et ses fatigues, quand il sent sortir de toutes les maisons, l'exhalaison pernicieuse de la soie en putréfaction, qui empeste l'air : le teint flétri des malheureux, qui s'occupent de ce travail dégoûtant, ne prouve que trop son influence maligne sur la santé ; pour savoir si une pareille branche d'industrie est un bienfait pour les lieux où elle s'introduit, il ne faut qu'une faible connaissance de la manipulation de cette matière première. Par son état politique, Gersau sera toujours une singularité digne d'attention ; mais, peu visité des voyageurs, ceux que le hazard ou la curiosité y conduit deviennent bientôt suspects à ses habitans : s'ils examinent sa situation, la prévention publique les érigera subitement en espions, et les propos que nous entendimes autour de nous, en nous promenant, nous prouvèrent bientôt, que Schüz et Kutner n'ont point exagéré, quand ils ont prétendu qu'on avait tiré sur eux à balles perdues, depuis le bourg, pendant que le premier, sur un bateau, s'amusait à en lever la vue. Aussi, ne trouvants pas à propos de nous exposer, pour emporter un dessin de plus, nous rentrames tranquillement à l'auberge ; nous y couchames, et quittames le lendemain cette fameuse république, avec plus de plaisir que nous en avions eu à la visiter, mais nous garderons pour souvenir l'anecdote suivante. Logés à l'aigle noir, chez un Monsieur Cammerzin, il nous conta que naguères il avait fait un voyage pour ses affaires dans le canton de Berne, où par-tout il avait trouvé de bonnes auberges, et fait, pour peu d'argent, d'excellens repas ; mais, tout en nous disant cela, il nous écorcha tellement, et nous fit payer un si rude écot, que pour trois fois moins, par-tout ailleurs, dans les meilleures auberges, nous eussions eu un splendide repas : nous payames, nous rîmes, et trouvames le trait tout-à-fait caractéristique.

Il fallut enfin quitter Schweitz et les aimables connaissances, que nous y avions faites, pour continuer la recherche des belles vues ; mais comme les isles de Schwanau en sont fort peu distantes, nous nous levames au point du jour, afin d'y être avec l'aurore : tout nous annonçait la plus belle journée ; et l'approche d'un superbe levant est décrite dans les vers suivans, aussi bien que mes faibles talens me l'ont permis.

La nuit s'enfuit, les astres disparaissent ;
Le frais matin sort des bras du sommeil,
Et les Zéphirs doucement le caressent ;
L'oiseau salue, en chantant son réveil ;
Cristaux, perles, s'échappent de sa main,
Et mille fleurs tout récemment écloses
Embaument l'air des parfums de leur sein :
La pourpre et l'or inondent l'atmosphère ;
Des feux naissans annoncent le soleil,
Qui de nos monts a franchi la barrière,
Pour se montrer en pompeux appareil.
Là, de Br.... la muse attendrissante
Devrait chanter l'amour et les tombeaux,
Peindre à nos coeurs l'image intéressante
De ce beau lac et de ses verds côteaux,
Le calme heureux qui regne sur ses eaux,
De cette tour les débris romantiques,
Et l'hermitage, asile du repos,
Qui fixant l'oeil par ses formes gothiques,
Se reproduit dans le miroir des flots.
Déjà les monts couverts d'un bleu céleste,
De vifs rayons sont par-tout sillonnés :
Ici, des rocs de sapins couronnés
Cachent le nud d'un massif trop agreste,
Par les buissons dont ils sont festonnés ;
Là, les gazons chargés d'humides perles,
Sont émaillés des plus brillantes fleurs.
Dans les bosquets, j'entends siffler les merles ;
Le tourtereau lamente ses malheurs :
Plus près des cieux s'élance l'alouette,
Puis redescend, en formant ses accords ;
Et le héron levant en l'air sa tête,
Cherche sa proie, en parcourant ces bords.
Un long nuage errant sur les montagnes,
Semble s'unir à l'onde des ruisseaux ;
Et la vapeur qui gaze les campagnes
Renvoye au loin les arbres et les eaux.
Sur son bassin uni comme une glace,
D'un ciel d'azur répétant les reflets,
Ce lac tranquille embellit sa surface,
Et d'un bleu pur colore les objets.
Le laboureur sorti de son village,
Court s'occuper des champêtres travaux ;
Et maints bergers au même pâturage,
Des alentours rassemblant les troupeaux,
Par leurs chansons éveillent les échos.

Le sentier de Schweitz à ces charmantes isles, est on ne peut pas plus intéressant;
on côtoye toujours le lac de Lowerz, mais pour nous y rendre plus agréablement,
nous avions pris un bateau; et dans le moment où, ravis de leur aspect, nous
oubliames le reste du monde, le tems changea subitement, et la pluie nous fit chercher
un abri : nous abordames donc vis-à-vis de ces isles, et cet accident nous procura
un de ces plaisirs qui sont d'autant mieux sentis, qu'on ne les doit qu'à la circonstance.
Accompagnés de notre aimable hôte, Monsieur Charles Joseph Triner à l'ours,
et du peintre son parent, notre ancienne connaissance, nous fimes une visite à
Monsieur le conseiller Dettling au Bühl, vieillard aussi vénérable qu'intelligent
fermier, qui toujours à la tête de ses ouvriers dirige non-seulement leurs travaux,
mais y met aussi la main : sa conversation était animée, gaie et instructive ; sa
bonne humeur, fruit d'un contentement intérieur, donnait à son heureuse physionomie
infiniment d'expression ; il nous reçut avec cette cordialité, qui prouve si clairement
qu'on est bien venu; on nous servit du laitage délicieux, du fromage et du beurre
exquis; après le repas, le fils de la maison prit un violon, et joua quelques allemandes;
le vieux papa ouvrit le bal avec la bonne mère; mes compagnons de voyage, et
nos amis de Schweitz le continuèrent avec elle, et l'alerte fille de la maison;
ces derniers eurent enfin la complaisance de nous danser avec les dames un cotillon
du val de Muëtha, avec ses pas singuliers et ses figures aussi originales, que l'est
le peuple isolé, dont il tire son origine. Heureux le voyageur qui, dans ses courses,
trouve des hôtes dont il est accueilli, non en étranger, mais en ami et en frère !
C'est ainsi que nous avons à nous louer d'un Triner de Schweiz, et d'un Gyssler
d'Altdorf, qui se sont empressés à rendre notre séjour chez eux aussi agréable
que possible ; ce qui satisfait d'autant plus, qu'on n'ose pas trop s'y attendre. —

En face du Bühl, autrement dit l'enclos du couvent, sont situées, au milieu
du lac de Lowerz, deux isles délicieuses; la plus grande, appelée l'isle de Schwanau,
appartenait ci-devant aux nobles de ce nom, et devint ensuite l'humble demeure
d'un paisible anachorète, qui maintenant a pris la place de ces redoutables preux de
l'ancien tems, et qui récite ses prières coutumières, où ceux-ci faisaient gémir
l'innocence, et exerçaient sur les gens du pays le despotisme le plus cruel. — Il est
impossible de concevoir que tant d'agrémens divers puissent se réunir un morceau
de terre aussi peu étendu; et quand même le plus fameux artiste joindrait au meilleur
goût la baguette d'une puissante fée, et suivrait tout l'élan de son génie, jamais,
non jamais, il ne pourrait créer une retraite pareille ; c'est bien le plus riant, le plus
agréable hermitage possible... Auprès de la tour ruinée, et au-dessus d'un jardin
très-bien cultivé, s'élève, à côté d'une grande chapelle, une habitation si commode,
si propre, et si champêtre à la fois, qu'on en est enchanté : la vieille tour quarrée,
surmontée de jolis buissons et d'arbrisseaux légers, fait avec l'hermitage un contraste
singulier ; le long de la chapelle, règne une treille couverte de pampres, qui prête
au jardin son ombre bienfaisante; là, à l'abri des ardeurs du soleil, on médite en
paix sur les vanités de ce bas monde. Le frère hermite, qui sait tirer parti de tout
ce qui peut servir, soit à l'embellissement, soit à l'utilité de cette aimable solitude,
met chaque pouce de terrein à profit; et là où ci-devant des broussailles et des
plantes parasites couvraient la terre, croissent maintenant par ses soins des arbres
fruitiers et des légumes de toute espèce, qui y prennent un goût exquis : chaque

jour, cette isle prend une disposition plus heureuse, et le séjour en devient plus délicieux; un bosquet de frênes, de hêtres, de tilleuls et d'aulnes, surmonté d'un groupe de fiers sapins, en augmente le romantique, et répand sur tous ceux qui visitent ces lieux enchanteurs, une douce mélancolie : ici, c'est une retraite agréable; là, elle n'est habitée que par des oiseaux de proie, par la corneille bruyante et le héron pêcheur; enfin, de quelque côté qu'on la regarde, elle présente toujours des charmes piquans et de nouvelles beautés. Son abord sur-tout paraît un jeu de la nature; on sent ici combien ses moindres productions sont au-dessus de l'art: l'homme de goût admire ces pittoresques bizarreries, et l'artiste en tire parti pour un dessin charmant. L'islot d'à côté paraît en avoir fait partie autrefois, et ne manque point d'agrémens particuliers, tel petit qu'il soit; mais l'hermite qui l'habite, n'ayant point de goût pour les travaux champêtres, l'abandonne sans inquiétude à la bonne nature, qui cependant ne favorise pas toujours l'homme, dont les soins ne viennent point à l'appui de ce qu'elle fait pour lui; aussi s'apperçoit-on aisément que rien ne l'intéresse autant que sa plantation de pommes de terre, et qu'il se remet entièrement à la providence, qui veille en tendre mère sur ses grands enfans comme sur les petits.

C'est bien ici, que l'artiste observateur trouve réuni tout ce qui peut flatter le goût, plaire à l'oeil, et captiver le coeur, dans un paysage, tel que l'imagination la plus riche n'en créa jamais, ni idéalement, ni sur la toile. Si le point du jour avait été beau, la matinée ne lui céda en rien; mais comment décrire l'éclat majestueux avec lequel le soleil s'éleva de derrière la masse imposante des Mythes, les flots de pourpre, dont il colora les nuages enflammés, le charme universel que sa présence répandit sur toute la contrée! Devant ses rayons, l'ombre fuyait rapidement; sa lumière pénétrait à travers le feuillage léger des hêtres, versait la vie sur toute la campagne, ajoutait à la fraîcheur de la plus belle verdure et à la vivacité des fleurs aromatiques, qu'un jeune Zéphir agitait doucement: tout était parfumé des plus douces odeurs. Pénétrés d'admiration, et comme ravis en extase au milieu de cette scène céleste, nos yeux se mouillaient de larmes délicieuses : où trouver des couleurs pour rendre ce spectacle? Et quand on les aurait, où trouver le talent pour s'en servir, et pour transporter sur la toile ces inimitables beautés de la nature? Nous nous arrachames enfin de ces lieux enchantés, et nous vinmes à Arth, village gai, propre, et si conséquent, qu'il a l'air d'une petite ville; ses maisons joliment bâties sont alignées, et sa rue principale est très-bien pavée : situé au bord du lac de Zoug, sa position est très-riante. Là, nous prîmes congé du bon frère Wiguet, qui nous avait accompagnés, après nous avoir procuré dans sa retraite tant d'heureux moments : cet intéressant reclus a tant de politesse et de savoir-vivre, que nous attribuames le genre de vie qu'il a embrassé, moins à un choix libre qu'à l'empire des circonstances; aussi, nous dit-il, avoir joué différens rôles. Après avoir été successivement soldat, Cent-Suisse, traiteur dans un jardin royal, portier chez un ministre, et intendant chez les fameux comte d'Estaing, des malheurs, des pertes de tout genre l'obligèrent de revenir dans sa patrie, où la bienveillance des magistrats de Schweitz lui accorda cet hermitage charmant; plein de reconnaissance, il cherche à embellir ce séjour; il le couvre d'arbres fruitiers, et il y cultive les légumes les plus fins : la société étant un besoin pour lui, il fait son possible pour rendre agréable le séjour des voyageurs dans cette solitude; ils sont toujours sûrs de trouver chez lui des légumes exquis, du bon poisson, et des fruits du meilleur choix, au prix le plus raisonnable. Les hautes montagnes se dérobent maintenant à l'oeil du voyageur, et le pays s'aplatit peu-à-peu; il change tous ces grands objets, qui naguères étonnaient sa vue et pénétraient son ame, contre des points de vue qui ne manquent point d'agrément, il est vrai, mais où l'on ne retrouve plus ces beautés mâles et sublimes qui forcent à l'admiration. Arrivés près de la chapelle de Tell, dans les gorges de Küssnacht, nous les apperçumes, pour la dernière fois, dans le fond du tableau : depuis là cependant, nous promenames encore avec intérêt nos regards par dessus les débris de la tour de Gessler, et le lac des quatre cantons, sur l'orgueilleux Pilate et les Alpes du canton de Berne, dont la ceinture lointaine, se perdant presque dans la vapeur, encadre la plus pittoresque partie de la Suisse.

La place où Guillaume Tell vengea le coeur ulcéré d'un père, et la patrie opprimée, doit être à perpétuité intéressante pour tout vrai Suisse; nous y laissames sur la muraille nos noms inscrits parmi des milliers d'autres, et nous descendimes à Küssnacht: de-là, nous découvrions le lac superbe, les différentes chaînes des Alpes, et ces glaciers éternels dont les sommets aigus se baignaient dans les rayons enflammés du soleil. Après quelques lieues de marche, on arrive, par le plus beau et le plus fertile pays possible, à Meggen, premier village du canton de Lucerne: non loin de-là, par dessus les ruines du château de Habsbourg, on découvre l'aspect singulier du lac des quatre cantons qui offre la figure d'une croix: les Alpes des alentours se mirent dans ses ondes transparentes ; leurs grouppes variés se succèdent et se confondent dans le lointain. Au milieu de la masse immense des glaciers, que renferme la Suisse intérieure, s'élève majestueusement le superbe Titlis: l'un des bouts de cette chaîne est flanqué par le fertile Rigi; et l'autre, par le Pilate escarpé; puis on arrive dans les environs pittoresques de Lucerne, qui annoncent par-tout l'aisance et le bonheur. Dans cette Arcadie, sont répandus tant d'agrémens champêtres, tant de beautés particulières, que l'artiste en est enchanté, et ce n'est qu'à regret qu'il abandonne ce pays délicieux; il quitte cette contrée charmante, comme on quitte un ami chéri : de ces champs Elisées, nous nous rendimes, le long du lac, aux portes de Lucerne, nous traversames les ponts obscurs qui mènent dans cette ville singulièrement située, nous visitames le digne Professeur Wyrsch, un des meilleurs et des plus savans peintres en portrait, dont la Suisse ait à se glorifier, mon ancien et respectable ami qui, malgré sa cécité, ne perd ni sa tranquillité d'ame, ni sa bonne humeur. Nous vimes aussi l'intéressant Christen, qui d'un pauvre paysan est devenu sous la direction du fameux Trippel de Schaffhausen, un excellent sculpteur : depuis son retour d'Italie, il s'est établi à Lucerne; les grouppes qu'on voit dans son atelier prouvent autant son génie que ses talens; la plus noble simplicité est répandue sur ces charmantes productions, la sensibilité les anime, et l'on ne sait ce qui caractérise mieux les ouvrages de cet artiste modeste, ou la finesse de l'expression, ou le naturel de ses attitudes, ou la beauté de ses formes.

Le lendemain, nous partimes au point du jour, et nous revinmes à Berne par la Bramek, satisfaits et bien portans: là, dans nos cercles, nous nous rappellons avec le plus vif intérêt les bonnes connaissances que nous avons faites, et les plaisirs que nous avons goûtés durant ce voyage. De bon coeur, nous oublions les contrariétés du tems, et les différens désagrémens de la route. Notre occupation favorite, maintenant, est de livrer, avec autant de fidélité que de soins, aux amateurs, les points de vue les plus intéressans de ceux que nous avons dessinés, et de leur apprendre à connaître par cette description, les beautés propres au pays que nous avons parcouru, les moeurs et les usages de ses habitans; car notre intention n'est pas seulement d'intéresser l'artiste, mais aussi le voyageur qui, dans ses courses, cherche à s'instruire. Pour peu qu'il connaisse notre histoire, il se transportera facilement dans ces siècles de fer, où la main oppressive de la tyrannie pesait sur nos pères, où le despotisme le plus cruel, devenu enfin insupportable, les força d'en briser le joug; mais il apprendra en même tems qu'ils ne versèrent le sang, qu'en leur corps défendant, qu'ils ne maltraitèrent leurs oppresseurs qu'à la dernière extrémité, et qu'ils ne se laissèrent jamais entraîner, par une vengeance démesurée, à de coupables atrocités; aussi jouirent-ils des fruits de leur sage conduite; on les estima par-tout, et la providence protégea un peuple, qui ne s'en était jamais rendu indigne; ses descendans vécurent depuis dans le sein de leurs vallons aux pieds de leurs Alpes, sans se mêler des affaires qui leur étaient étrangères, dans un repos non interrompu, et contens de leur sort; ils doivent la durée de leur bonheur à la sagesse d'un bon gouvernement et à des magistrats qui ont leur félicité à coeur; ils savent très-bien, que quiconque cherche à les rendre mécontens de leur état, est leur plus dangereux ennemi; les maux auxquels ils s'exposeraient par la manie de tout réformer, maintenant si en vogue, ne leur sont point inconnus; aussi remercient-ils la divinité de les avoir préservés d'un pareil délire, et de leur avoir accordé en politique des pères pour guides. Après une pareille course, on sent très-bien qu'un Suisse peut au dehors succomber à la maladie du pays, et qu'en revenant de l'étranger, son coeur doit nécessairement éprouver toutes les sensations dont je fus pénétré à mon retour, et que je me plais à décrire ici:

   Je te retrouve, ô ma bonne patrie,
   Toi dont je sens chaque jour mieux le prix!
   Je vous salue, ô mes tendres amis!
   Je viens goûter en votre compagnie,
   Ce vrai repos dont mon coeur est épris....
   De nos glaciers l'étonnante merveille
   Assez long-tems a captivé mes yeux,
   Et le fracas des torrens écumeux
   Par son tumulte a frappé mon oreille.
   L'ame livrée à mille souvenirs,
   Je viens m'asseoir sous nos chênes antiques,
   Pour repasser les scènes magnifiques,
   Dont le spectacle a causé mes plaisirs,
   Et méditer dans mes heureux loisirs
   Ce que j'appris dans les champs helvétiques,
   En parcourant nos différens cantons.
   Oui! chaque lac, chaque mont, chaque plaine

Aux tems passés sans cesse nous ramène,
Pour nous offrir et modèle et leçons.
La liberté fut ici triomphante,
Et s'affermit par de sanglans combats . . .
Là, nos ayeux ont bravé le trépas,
Pour nous léguer cette paix consolante,
Qui fit dès-lors de sa main bienfaisante,
Croître l'olive à l'ombre des lauriers,
Dont s'est couvert le front de nos guerriers.
Sur les débris de ces châteaux terribles,
Que des tyrans habitaient autrefois,
Je vois l'asile et les rustiques toits
De laboureurs et de bergers paisibles.
De tout côté, l'actif cultivateur
Force les rocs à devenir fertiles,
D'épis, de seps, couvre des lieux stériles,
Et du travail fait naître son bonheur :
Par cent canaux, la main de l'industrie,
Dont le commerce alimente l'ardeur,
Verse l'aisance au sein d'une patrie,
Où ne rien faire est un vrai déshonneur.
Par-tout, les arts, les études fleurissent,
Et les talens aux sciences s'unissent.
Jamais chez nous l'exacteur odieux
Par les impôts n'amène la misère ;
Jamais chez nous un chef audacieux
Ne se prévaut d'un pouvoir arbitraire.
Chaque homme trouve un abri tutélaire
Auprès des loix qu'il tient de ses ayeux.
Si méprisant un plaisir fantastique,
Nous nous passons de spectacle comique,
De bals masqués, et de grand opéra,
Tant mieux pour nous, le coeur y gagnera !
Si nos beautés plus sages qu'agaçantes,
Simples sans art, et de moeurs innocentes,
N'ont ni les airs ni les tons de Paris,
Tant mieux cent fois, tant mieux pour les maris !
Si nous manquons de cette politesse,
De ce bon ton qu'on nomme urbanité,
Notre apanage est la sincérité ;
Quand on est franc, à quoi bon la finesse ?
Le bel esprit ne vaut pas la bonté.
O mes amis ! vivons toujours en frères,
Reproduisons les vertus de nos pères,
Et sur le soir, en cercle réunis,
Chassons bien loin et tristesse et soucis.

Qu'à nos discours président l'indulgence,
La bonhomie et l'ingénuité;
Et que toujours notre société,
En s'amusant respecte la décence;
Car le plaisir n'est jamais la licence,
Et tout excès fait fuir la volupté . . .
Sexe enchanteur, délices de la vie!
Toi que le ciel fit pour nous rendre heureux!
Viens animer nos festins et nos jeux,
Des traits brillans d'une vive saillie;
Apprens-nous l'art d'unir à la gaieté
Le sentiment et la délicatesse,
Et de nos moeurs polissant la rudesse,
Verse sur nous la douce aménité!
Mais trop jaloux de notre liberté,
Pour recevoir des fers et des entraves,
Si nous t'offrons un tribut mérité,
C'est en amis, et non point en esclaves.

Imprimé à Basle, chez Guillaume Haas, fils.

REMARQUES MINÉRALOGIQUES

De Mr. Wyttenbach, Pasteur de l'Église du St. Esprit à Berne,

Pour servir de base à la planche explicative des Vues insérées dans cet Ouvrage.

N°. 1. p. 7.

Pour jouir de cette vue délicieuse, prise au bas des restes de l'église de *Goltzweil*, il faut, au lieu de s'embarquer à *Interlaken*, traverser le pont sur l'*Aar*, et suivre le sentier de *Rinkenberg*. Le petit lac de *Goldsweil* (*a*) est intéressant pour le naturaliste; il y trouve de belles et grandes moules d'étang, et tout autour la plus belle végétation et plusieurs plantes rares; l'on voit au milieu du tableau les ruines de l'ancien château de *Rinkenberg* (*b*), dont les Seigneurs jouaient ci-devant un grand rôle dans ces contrées. Les montagnes à droite (*c*) séparent cette vallée de celle, qui depuis *Zweylutschinen* conduit à la vallée du *Grindelwald*, au bout desquelles vous distinguez par dessus le château de *Rinkenberg*, le *Ballenberg* (*d*), petite colline à l'extrêmité du lac de *Brientz*, remarquable par ses couches singulièrement recourbées et entortillées. Les montagnes les plus éloignées appartiennent au pays de *Hasly*: à droite est le *Planplatten* (*e*), dont le sommet est recouvert d'une mine de fer oolithique que l'on exploite; la chaîne de montagnes à gauche (*f*) sépare le canton de *Berne* de celui de *Lucerne*, et l'on distingue à leur pied le grand village de *Brientz* (*g*). Tous les alentours du lac appartiennent encore à la région calcaire, dont la base argilleuse se montre en différens endroits. Les beaux spaths fluors verds, qui souvent se trouvent ici, en grands cristaux cubiques, sont très-recherchés par les minéralogistes.

N°. 2. p. 7 ~ 8.

Sur le devant du tableau se présente une chûte du *Giessbach* (*a*), au bord du lac de *Brientz*, que le pinceau savant de Monsieur *Rieter* va sous peu faire connaître au public amateur, dans la même manière qu'il rendit naguères si supérieurement le fameux *Reichenbach*. Dans le lointain, on apperçoit l'église de *Rinkenberg* (*b*), derrière elle sur une hauteur les décombres de celle de *Goltzweil* (*c*), et au bas le petit lac: à côté est le vieux couvent d'*Interlaken* (*d*), maintenant la résidence des baillifs du lieu; et derrière, une partie du lac de *Thoun*: les montagnes lointaines qui terminent la scène sont l'avant et l'arrière *Niesen* (*e*).

N°. 3. p. 7 ~ 8.

Les montagnes qui fournissent les eaux au *Wandelbach*, à l'*Oltschebach* et à tant d'autres cascades de cette contrée, sont un mur immense de masses calcaires reposant sur des lits d'ardoise noire, qui renferment en quelques endroits quantité de cornes d'Ammon pyriteuses. Il y a dans cette chaîne de montagnes, qui séparent le pays de *Hasly* de celui du *Grindelwald*, plusieurs pics assez considérables, tels que celui du *Faulhorn* et d'autres crêtes, où les roches argilleuses ont presque percé la croûte calcaire qui couvre leurs pentes. L'on voit sur le devant du tableau une maison, qui représente très bien l'architecture du pays, et dont le toit est lesté de grandes pierres, pour le garantir contre les coups de vent si violents parfois dans les vallées des Alpes.

N°. 4. p. 9 ~ 10.

L'histoire peu connue de ce vieux château le bourg *Resti* (*a*), se perd dans les siècles les plus reculés, ainsi que celle des chevaliers ses possesseurs; cependant il y avait une famille dans le pays, qui portait le nom de *Resti*. L'on voit, dans le second plan du tableau, à côté de la tour ruinée, et au pied des roches calcaires coupées à pic, une grande voûte (*b*) qui produit un bel écho, et sert pendant les ardeurs du soleil de refuge au bétail: au dessus de cette voûte s'élève une très-haute montagne, dont une partie s'appelle la *Bourgfluh* (*c*), et l'autre le *Lauihorn* (*d*); cette dernière, en s'écroulant, il y a quelques années, forma deux torrents immenses de ses débris, dont l'un se précipita vers le *Reichenbach*, et l'autre encombra le hameau de *Geifsholz* presqu'en entier. Vers le centre du tableau s'ouvre une vallée fort élevée, dans laquelle on distingue une partie du glacier *Rosenlaui* (*e*), qui descend du *Stellihorn* (*f*) et *Wellhorn* (*g*). Au pied de la montagne appelée ici par les uns *Vischerhorn*, et par d'autres *Wetterhorn* (*h*), mais qu'il ne faut point confondre avec celle du *Grindelwald* ainsi nommée, on exploita il y a quelque tems une excellente mine de fer. Les montagnes primitives, formant chaine derrière ces hautes crêtes surneigées, se cachent si bien dans cette vallée que l'on n'y rencontre que très-rarement des roches primordiales; c'est par cette vallée élevée que l'on monte par le *Scheidek* (*i*) à celle du *Grindelwald*; elle fournit aussi ses eaux au *Reichenbach* (*k*), dont on voit ici, au milieu de la vue, la première chûte, s'engouffrant dans des abymes d'une ardoise noire; et la dernière se montre tout à droite du tableau, s'écoulant sur un lit de gravier rocailleux dans l'*Aar* (*l*), qui traverse ici la vallée en droite ligne. Vis-à-vis le canal de l'*Alpbach* fougueux, et se perdant dans le même fleuve, on apperçoit la cascade du *Falcherenbach* (*m*), et à son côté les vestiges (*n*) d'un éboulement de terre, descendant des hauteurs de *Kultenbrounn*, qui ruina le hameau de *Balm*. On distingue enfin, sur les énormes rochers qui dominent la voie que ces décombres se sont frayée à travers les pâturages, quelques maisons, des hameaux entourés de prairies et de très-beaux bois. Il y a dans la plaine, au pied de la montagne à *Willigue* (*o*), des eaux minérales assez fréquentées par les gens du pays.

N°. 5. p. 12.

Le *Dorfbach* et l'*Alpbach* forment ici par leur contraste, pour le voyageur curieux, un spectacle aussi intéressant que singulier; mais le minéralogiste n'a rien de conséquent à y chercher.

N°. 6. p. 13 ~ 14.

Ici nous livrons une légère idée de la chûte supérieure du *Reichenbach*, dont les beautés imposantes se prêtent infiniment mieux, pour être rendues avec intérêt, au génie du poète, qu'au talent imitatif du peintre.

N°. 7. p. 21.

Le village de *Flüelen* (*a*), où l'on débarque pour entrer dans la grande et belle vallée presque horizontale d'*Ury*, qui mène de là au pied des montagnes, et borde la route intéressante du *St. Gotthard*, est un port toujours animé, servant de dépôt à toutes les marchandises qui viennent d'*Italie*. La plaine qui depuis ici s'étend jusqu'au village de *Staeg* paraît avoir été couverte anciennement par le lac, qui par les atterrissements continuels causés par les eaux de la *Reuss* et du *Schaechenbach*, se recule encore de nos jours. Les montagnes du voisinage ne sont composées que de pierres calcaires, dont les croûtes ont quelquefois les courbures (*b*) les plus singulières.

Derrière la pointe (*c*) qui s'avance fort en avant dans le lac, sur le roc où *G. Tell* sauta du bateau de Gessler, est bâtie une chapelle. La belle et haute montagne que l'on voit dans le fond du tableau est le *Rigiberg* (*d*), situé à peu près vis-à-vis de la grande vallée du *St. Gotthard*, et n'étant composée que de débris roulés des hautes Alpes; elle se montre ici au-dessus des hauteurs du *Srelisborg* (*e*), en face de *Brunnen*, et paraît avoir été ainsi accumulée par la grande débacle qui renversa les Alpes. Les montagnes plus en avant, à droite du tableau, sont l'*Oxen* ou *Axenberg*: mais qui désirerait mieux connaitre les monts qui des deux côtés depuis *Lucerne* jusqu'à *Flüelen*, bordent le lac des quatre cantons, peut consulter les lettres d'*Andrea* et l'ouvrage du comte de *Razoumousky*.

N.º 8. p. 21.

Parmi les noyers qui bordent le chemin vers l'église de *Bürglen*, apparaît une petite chapelle (*a*) bâtie sur les fondements de la maison de *Guillaume Tell*; et à peu de distance, une vieille tour, l'ancienne demeure des maires du lieu, où, selon la tradition, le gouverneur *Gessler* faisait aussi parfois sa résidence. Le torrent, qui souvent avec une impétuosité indomptable roule des quartiers de roches, est le *Schaechenbach* (*b*); il prend sa source au fond du *Schaechenthal*, soit sur les monts *Clarides* (*c*) que l'on voit dans le lointain, où ce torrent forme trois belles cascades, soit au pied du *Gemsberg* (*d*) qui est encore plus avant dans la vallée, où par le *Clausenberg* (*e*) s'ouvre un passage bien intéressant dans le pays de *Glaris*.

N.º 9. p. 25.

D'*Altdorf* à *Staeg* la route mène par une vallée unie et très-fertile, qui vraisemblablement fut aussi couverte par le lac des quatre cantons. Vous distinguez dans le lointain le village de *Silinen* (*a*), et en deçà sur une colline les restes de *Bride - Ury* (*b*). *Staeg* (*c*) même est tout près du confluent de la *Reuss* (*d*), qui découle du *St. Gotthard*, et du *Kerschelenbach* (*e*): à gauche, l'on voit un petit pont suivi d'un sentier (*f*), qui mène à travers des précipices au *Graggerthal*, où il y avait, il y a 30 à 40 ans, une exploitation d'ardoise alumineuse, dont on tirait pendant quelque tems beaucoup d'alun.

Le *Kerschelenbach* vient des frontières du pays des *Grisons*, et traverse la sauvage vallée de *Madera*, par laquelle il y a un chemin qui mène du côté de *Disentis*. C'est le grand pont (*g*) de ce dernier, qui ouvre le passage du *St. Gotthard*, et qui, d'abord après la niche voûtée (*h*) représentée sur le devant de notre tableau à droite, commence à monter assez rapidement au pied du *Brüstistok* (*i*); cette niche fût bâtie pour servir d'asyle aux voyageurs contre les avalanches qui périodiquement tombent de ce côté là. Le cône majestueux, au dessus de *Staeg*, est le *Windgellen* (*k*); la seconde montagne s'appelle *Römersthalm* (*l*); la troisième, *Zögerwek* (*m*); et la dernière, *Dinedegvad* (*n*). La plus grande partie de cette contrée est encore calcaire; il n'y a qu'au pied du *Brustiberg* riche en différentes productions minérales, que l'on commence à découvrir les ardoises et quelques indices de roches primitives. A *Staeg* même, il y a une source dont l'eau extrêmement fraîche et toujours bienfaisante a une teinte d'un blanc léger, et dont le goût tient beaucoup de celui des eaux de *Seltz*. Le minéralogiste ne se repentira pas d'examiner les galets du *Kerschelenbach*, où il trouvera des débris bien intéressants des monts les plus éloignés de la vallée de *Madera*.

N.º 10. p. 26.

Le pont *du Diable* est dans un gouffre des plus sauvages, entouré de roches granitiques coupées à pic, dont les feuillets presque verticaux s'élèvent à des hauteurs immenses; cette contrée, quoique presque nue nourrit cependant plusieurs plantes rares des Alpes, qui aident un tant soit peu à adoucir le spectacle et le fracas horrible de la *Reuss*, laquelle, se frayant ici un chemin à travers des rocs immenses, se précipite de gouffre en gouffre. A quelques centaines de pas au dessous du pont, le passage paraît se fermer par les rochers qui s'approchent si fort des deux côtés, qu'à peine la *Reuss* peut-elle y passer; et le voyageur, traversant un souterrain percé par le granit, sera toujours surpris de se trouver, comme par enchantement, dans la fertile vallée d'*Urseren*.

N.º 11. p. 31.

Nous avons dessiné cette vue à *Weilen*, hameau situé sur une hauteur qui domine l'étendue la plus intéressante, tant pour les Suisses que pour l'artiste: un sentier très-pénible traverse l'endroit, et mène le voyageur (qui ne se soucie point de faire le trajet du lac) de *Schweitz* à *Gersau*. Vis-à-vis de *Weilen*, se présente une pyramide (*a*) isolée, composée de couches calcaires horizontales, qui ressemble assez à une énorme tour construite en brique, et dont le sommet est couronné d'arbustes; cette masse isolée, entourée par-tout des eaux du lac, s'appelle le *Weitenstein*; et derrière elle, apparaît un petit pré peu élevé dessus le lac, qui, avec la maison que l'on y aperçoit, porte le nom de *Rütli* (*b*), et fut le rendez-vous des trois premiers confédérés. Les monts entassés ici les uns sur les autres, et qui bordent en entier le lac de ce côté là, sont apparemment tous secondaires, et s'étendent jusqu'au *Rothstok* (*c*), dont la tête et les hautes pentes sont couvertes de beaux glaciers (*d*): plus loin sont les *Surenalpes* (*e*) d'*Engelberg*, et derrière elles le *Brüstenberg* (*f*) et les montagnes près de *Wasen* (*g*), sur le passage du *St. Gotthard*. Dans la vallée qui s'ouvre à l'extrémité du lac, et qui mène d'*Altdorf* à *Staeg*, on distingue très-bien *Sisdorf* (*h*), et *Attinghausen* (*i*), la petite chapelle isolée au bord du lac; et au pied des montagnes qui l'entourent du côté gauche est la *Tellenplatten* (*k*), dont nous avons fait mention à l'article de *Flüelen*. En côtoyant cette rive escarpée, le géologue contemplera avec plaisir et instruction les murs énormes des roches calcaires, et sur-tout celles de l'*Axenberg* (*l*), qui surplombent ladite chapelle, et montrent au spectateur des couches contournées et recoquillées en tant de manières différentes. Le village de *Brunnen* (*m*), où se conclut la première alliance helvétique, est assis au bord du lac, dans une plaine riante, qui en pente douce s'étend jusqu'au chef-lieu de *Schweitz*, et forme une des vallées les plus fertiles de la Suisse.

N°. 12. p. 32.

Ce point de vue est pris au même lieu que le précédent. Le bourg de *Schweitz* (*a*), qu'on a ici sous les yeux, s'étend au bas de deux hautes montagnes qu'on appelle le *Schweitzerhaken*, composées de la grande (*b*) et petite (*c*) *Mythen*, dont les formes coniques et quelques roches qui ressemblent à de la lave ont fait soupçonner à quelques voyageurs qu'il y eut ci-devant dans ces contrées des feux souterrains; mais des observations réitérées ont prouvé le contraire. Là où la petite *Mythe* forme un col (*d*), tout à gauche du tableau, s'ouvre le passage de *Schweitz* à *Notre-Dame des Hermites*, fréquenté par des milliers de pélerins. Les deux rivières sont la *Sewre* (*e*), sortant du lac de *Lowerz*, et la *Muëtha* (*f*), descendant de la vallée du même nom.

N°. 13. p. 33.

Ce petit lac pittoresque est très-voisin de *Schweitz*, derrière les rochers (*a*) appartenans à la république de *Gersau* et au pied du *Rigiberg* (*b*), fameux par sa fertilité, la belle vue dont on jouit sur sa cime et différens éboulemens, dont l'un précipita, il y a deux ans, un village entier dans le lac. Cette montagne, qui s'élève ici dans le lointain, montre très-distinctement ses couches inclinées, formées de cailloux roulés des débris des hautes Alpes. Ce lac est embelli par deux petites isles (*c*), dont la plus grande contient, outre les ruines du bourg de *Schwanau*, un hermitage et une chapelle; elles sont habitées par des frères reclus qui y passent leur vie à faire leurs prières coutumières, et à rendre leur séjour aussi agréable qu'utile. La montagne la plus proche est le *Steinenberg* (*d*), au bas de laquelle était la demeure de *Werner Stauffacher*. Le village (*e*) au bout du lac de *Lowertz*; et les montagnes les plus éloignées sont les *Immiserrberg* (*f*), au bord du lac de *Zoug*.

N° 1.

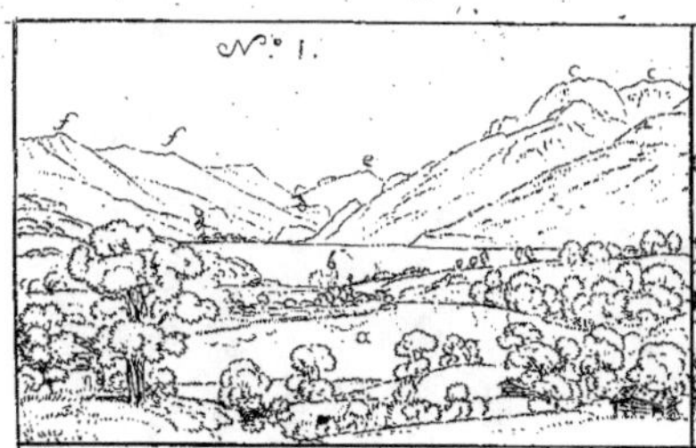

N° 2.

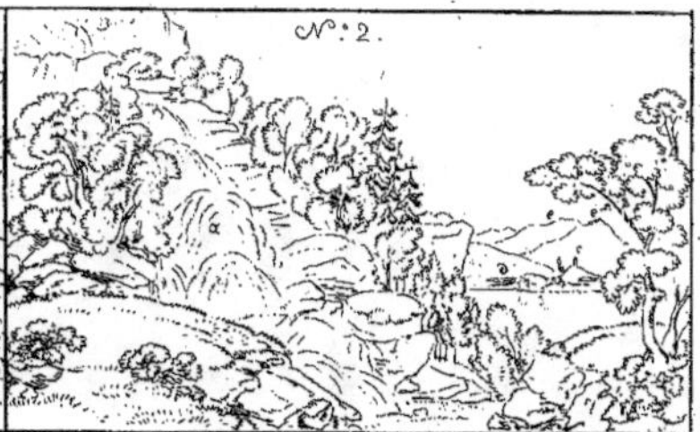

N° 4.

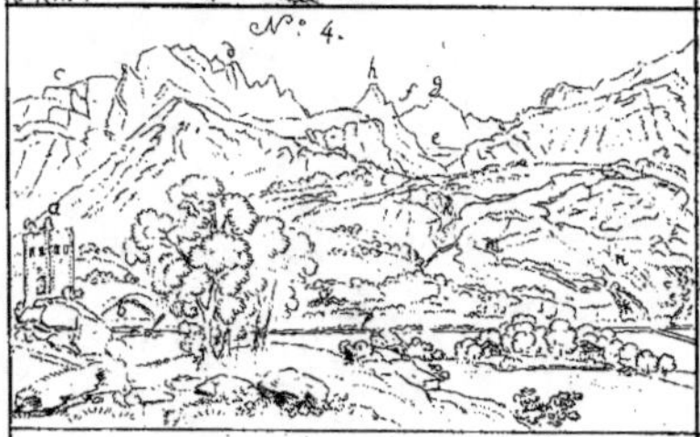

N° 7.

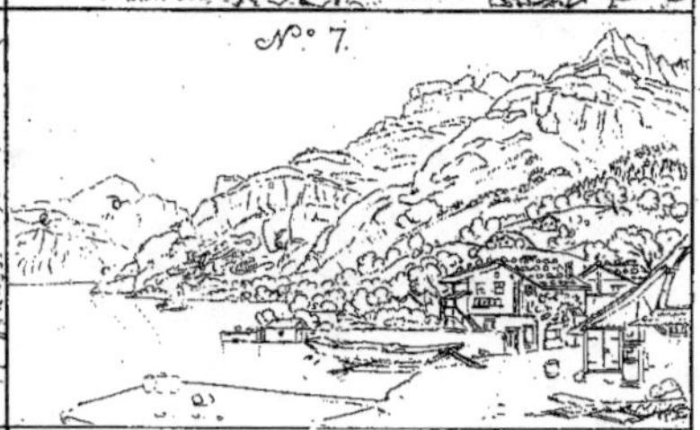

N° 8.

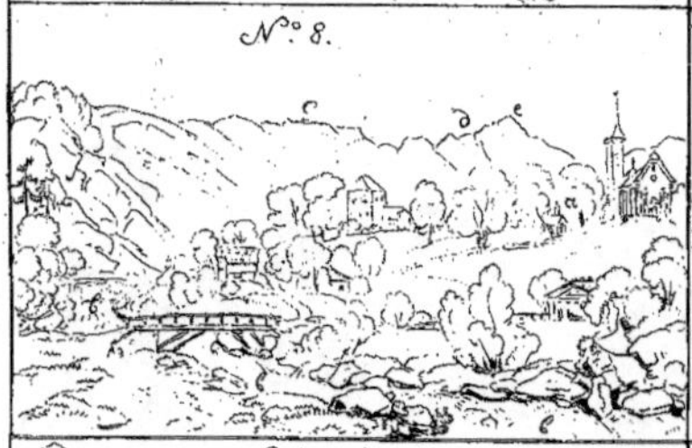

N° 9.

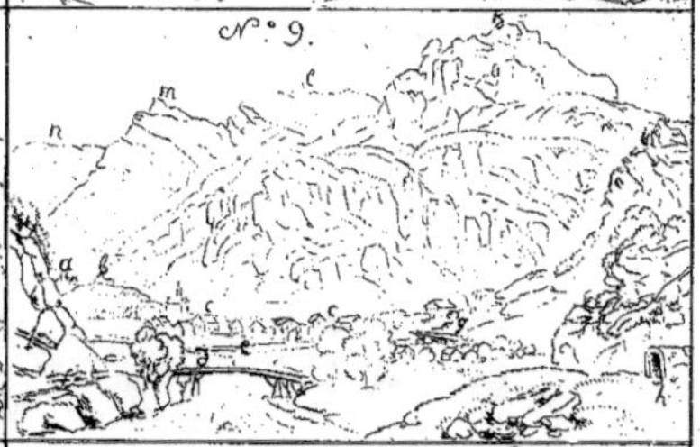

N° 11.

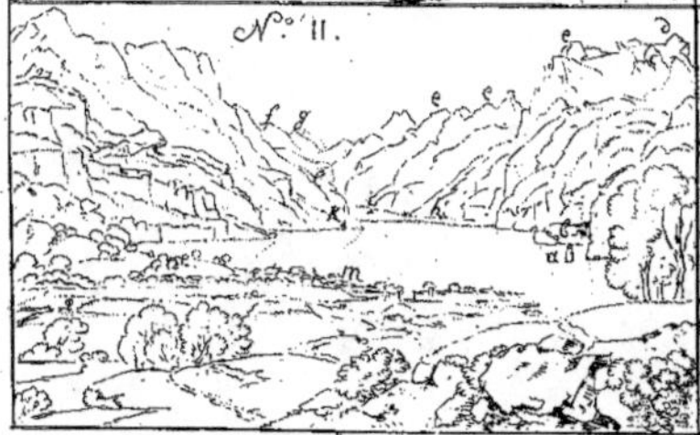

N° 12.

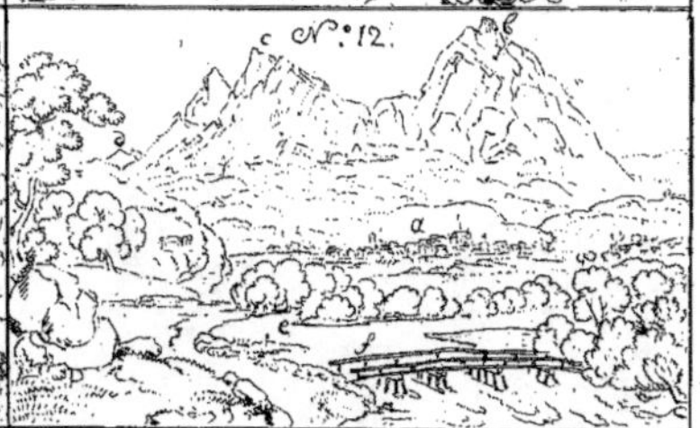

N° 13.

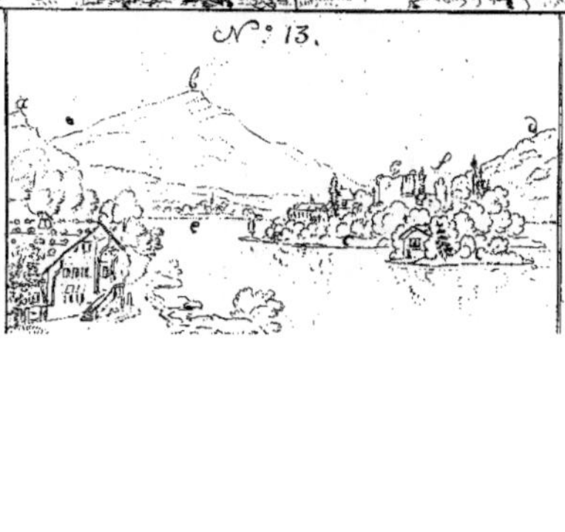

VUE SUR LE LAC DE BRIENTZ, ET LE PETIT LAC DE GOLDSWIL
pris de Rockenberg

CHUTE DU GIESSBACH
au Bord du Lac de Brientz

CHUTES DU DORF ET ALPBACH
à Meyringuen

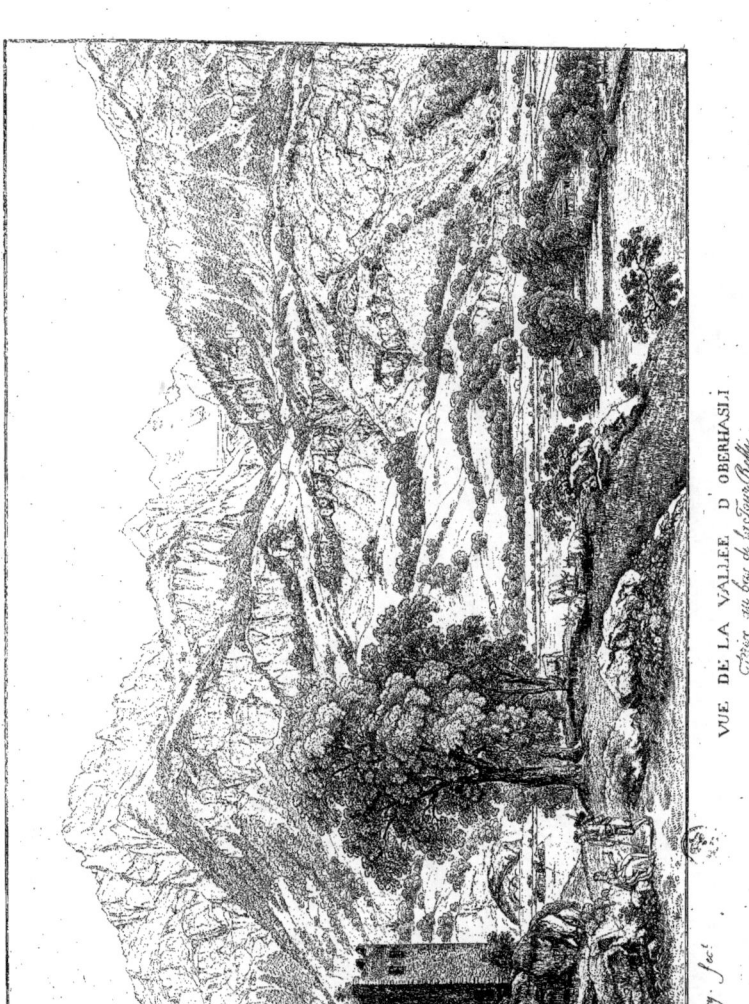

VUE DE LA VALLÉE D'OBERHASLI
prise au bas de la Tour-Rose

CHÛTE DU WANDELBACH,
dans la Vallée d'Oberhasli.

CHUTE SUPERIEURE DU REICHENBACH,
dans la Vallée d'Oberhasli.

LE PORT DE FLUELEN,
dans le Canton d'Ury.

BURGLE LIEU DE NAISSANCE DE GUILLAUME TELL,
dans le Canton d'Uri.

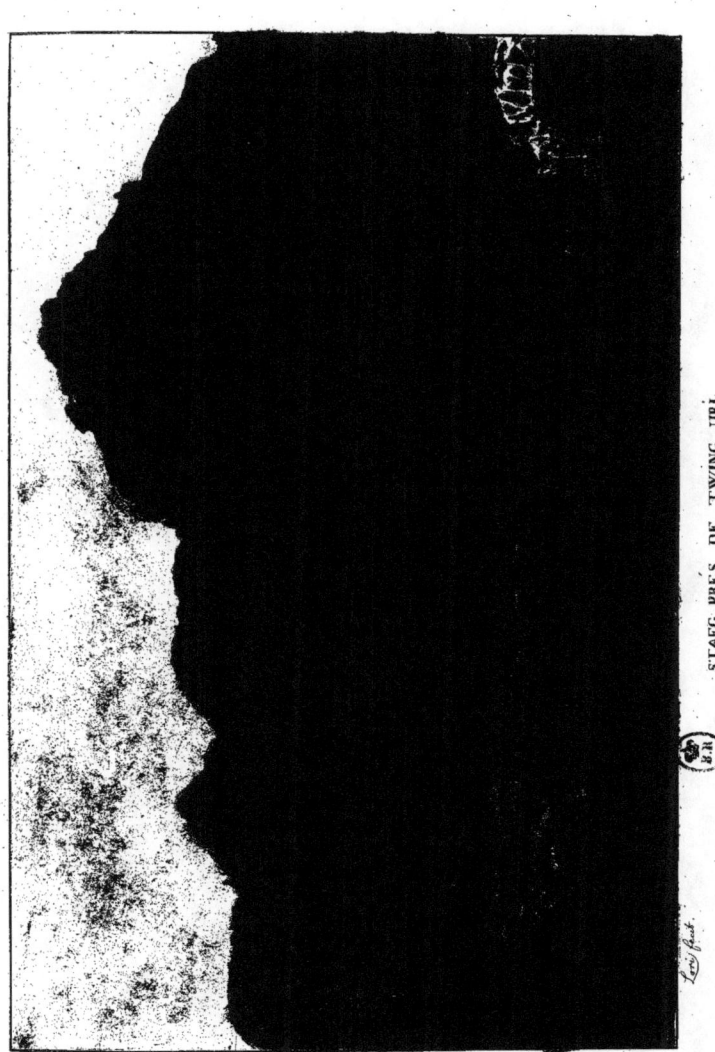

STAEG PRES DE TWING URI.
Sur la Route du S.t Gotthard.

LE PONT DU DIABLE.
Sur le Mont St. Gotthardt dans le Canton d'Ury.

VUE DE BRUNNEN ET D'UNE PARTIE DU LAC DES QUATRES CANTONS

SCHWEIZ, CHEF-LIEU DU CANTON.

VUE DE L'ISLE DE SCHWANAU,
sur le lac de Lowerz.

www.ingramcontent.com/pod-product-compliance
Lightning Source LLC
LaVergne TN
LVHW021001090426
835512LV00009B/2008